大咖智慧
THE GREAT WISDOM IN TRADING

/

成长陪跑
THE PERMANENT SUPPORTS FROM US

/

复合增长
COMPOUND GROWTH IN WEALTH

一站式视频学习训练平台
WWW.DUOSHOU108.COM

读懂投资 先知未来

苏渝 著

散户盈利的43条法则

山西出版传媒集团
山西人民出版社

图书在版编目（CIP）数据

散户盈利的43条法则 / 苏渝著 . -- 太原：山西人民出版社，2021.12
ISBN 978-7-203-11972-2

Ⅰ.①散… Ⅱ.①苏… Ⅲ.①股票投资—基本知识
Ⅳ.① F830.91

中国版本图书馆 CIP 数据核字 (2021) 第 216765 号

散户盈利的 43 条法则

著　　者：	苏　渝
责任编辑：	秦继华
复　　审：	魏美荣
终　　审：	贺　权
装帧设计：	王　峥

出 版 者：	山西出版传媒集团·山西人民出版社
地　　址：	太原市建设南路21号
邮　　编：	030012
发行营销：	0351-4922220　4955996　4956039　4922127（传真）
天猫官网：	https://sxrmcbs.tmall.com　电话：0351-4922159
E - m a i l：	sxskcb@163.com　发行部
	sxskcb@126.com　总编室
网　　址：	www.sxskcb.com

经 销 者：	山西出版传媒集团·山西人民出版社
承 印 厂：	廊坊市祥丰印刷有限公司

开　　本：	710mm×1000mm　1/16
印　　张：	17.5
字　　数：	250千字
印　　数：	1-5000册
版　　次：	2021年12月　第1版
印　　次：	2021年12月　第1次印刷
书　　号：	ISBN 978-7-203-11972-2
定　　价：	78.00元

如有印装质量问题请与本社联系调换

谨以此书**献给**一亿中小投资者

读懂散户自己的游戏**规则**

炒股功夫在股外

市场上关于炒股的书实在太多了。为什么我们读懂了那么多技术分析的基础读物，弄通了技术分析门道后仍然会赔钱呢？道理与诗人写诗一样，真功夫一定会是在诗外。读懂了技术分析，就好比大学生完成了中文专业学业一样，你就有了一个扎实的文字功底，但这并不等于你就能写出好诗。要成为诗人，还得有赖于你对诗歌的热情、你的才气、生活经历和阅历、孜孜不倦的演练、灵感、运气等各种因素。这就是为什么我们培养出了那么多文学硕士、博士，大诗人依然寥寥无几的原因。炒股同写诗一样：都想成为赢家但赢家永远是少数。怎样才能跻身"少数一族"呢？这是股民最希望弄明白的。炒股是世界上风险最高且收益最大的行当之一，要想成为赢家，绝不是掌握了几招技术分析就可以的，功夫在"诗"外的《散户盈利的43条法则》，就是一个人综合素质和实力的集中体现：从微观讲，它涉及人的心理、行为、意志、态度等诸多方面，其中悟性起着至关重要的作用。

想当年秦始皇派数百童男童女去海外找长生不老的药，而今一亿多入市者也像当年秦始皇寻找长生不老药一样苦寻一味"后悔药"——后悔药是股市中最珍贵、也是最可遇而不可求的药。虽然，我们无法求得与长生不老术等值的后悔药，但我们仍希望能够从少数身怀绝技、练就十八般武艺的高手和上万名饱尝成功与失败的投资者那里淘得规避风险、帮助我们跻身赢家的良药。《散户盈利的43条法则》这本书正是这样一剂良药秘方。

本书作者是中国最早的一批股民和最早的散户主义倡导者、屈指可数的代表散户立场和利益的股评家，其长期研究的课题为："股市弱者生存之道""炒股心理疾病产生与防治""股市与宏观经济""政策与财富""股市与社会人生""股市与文化""股市与家庭"等股市与各种社会利益的关系。只有读懂了这些关系，你才有可能成为赢家，而不是掉入早就为你设计好的陷阱。作者继上一本书出版后又进行了更深入的研究与思考，写了700多篇股市技巧及个股分析的文章，作者用经典的实战技巧及几十种兵法、高超的投资理念以及通俗易通的文字，以飨在股市闯荡的一亿中小投资者。本书为读者提供了股市方方面面的独到理念及实战技巧，希望可以"取之于股民，回报于股民"。股市既是一个大染缸，也是一个大金矿。作者能够回报给你的是：从股市大染缸中提炼出的炼金术——《散户盈利的43条法则》。

自序：做一个快乐的股市赢家

上篇　独家经典投资理念篇

本轮大牛市的九大猜想 / 3

独家解析新《证券法》带来的新变化及不足 / 8

注册制给股市输送了什么新鲜血液 / 11

巴菲特股东大会给我们透露出什么信息 / 13

散户炒股要学学巴菲特这四招 / 15

上市公司质量才是大牛市的基石 / 18

炒股与不炒股的七大理由 / 21

抄底时必须扪心自问的十个理由 / 24

抄底与不抄底的两难选择 / 27

炒股的十大定律，本金安全最重要 / 29

新牛市新思路：炒股要炒大题材 / 31

机构在用大数据看你的底牌，我们散户如何生存 / 33

那些翻番大牛股是怎样炼成的 / 37

年年岁岁花相似，岁岁年年"庄"不同 / 40

辩证地看黄金的避险功能 / 44

"避空、求短、怕高、挖低"才能打好一手孬牌 / 46

从心理学角度，分析支撑位及阻力位 / 49

独家破译股市中的成功密码 / 52

对跑步入市的新股民的几点忠告 / 55
要甄别区块链技术的真伪 / 57
科创板应上市真正的科技创新公司 / 60
拉动内需就要让股市"涨"声响起来 / 62
美股刷新最长牛市纪录的启示 / 64
面对股市调整要有一个好的心态 / 67

牛市中控制好仓位的四个策略 / 70
拼多多给投资者的三大启示 / 72
期指做空下的三大纪律 / 74
弱市中抢反弹的八项注意 / 76
手把手教你看中报业绩 / 79
如何从三季报里淘金牛股 / 82
年报预告期"避雷"巧用这四招 / 84
"会买的"徒弟好做,"会卖的"师傅难当 / 87
万变不离其宗,炒股十大心得 / 90

强势市场每一次回调都是捡钱的机会 / 92
为什么说场外配资是害群之马 / 95
为养老金入市加"三把锁" / 97
用"放大镜"看上市公司年报的核心 / 99
中国股市散户生存现状启示录 / 102
做个"聪明的投资者"其实并不难 / 105
理性投资者都不会满仓 / 108
特斯拉国产化将造就低价大牛股 / 111
跟不跟庄? / 113
选翻番大牛股的独门绝招 / 115

目录

下篇　短线抓牛股就这几招

短线宰获强势股的三板斧 / 119

短线抓牛股：解析江恩的"二十四招" / 122

短线抓牛股实战招数 / 130

从美锦能源短期翻番，看如何抓行业龙头股 / 142

炒股授人以渔的三招 / 145

四招助你如何变被动解套为主动解套 / 148

从"面"到"点"捕捉中线牛股 / 151

如何在超跌优质股里挖掘大牛股 / 154

如何抓住改变趋势的"拐点"三招 / 158

三招教你避开 K 线骗线的误区 / 161

散户如何巧用"土方法"炒股 / 164

散户选股应设定一个持股周期 / 167

散户应该向机构操盘手学习什么？ / 169

散户在大熊市下的"七字操作策略" / 172

十大股市经典名言暗藏投资成功密码 / 175

市场底形成的十个特征 / 178

老手和新手投资应互相取长补短 / 180

弱势中买入"吃肉股"的五个巧招 / 183

与生活息息相关的短线操作十条铁律 / 187

如何根据成交量抓未来牛股 / 190

"网红时代"技术分析的"四大精髓"不会过时 / 194

读懂分时图，炒股胸有成竹 / 197

"眼观六路，耳听八方"的熊市抓短线技巧 / 199

短期底部的特征及必须牢记的箴言 / 202

股如其人，掌握其"个性"才能出奇制胜 / 204
结合实战谈巧抓翻番牛股的五大绝招 / 207
结合实战谈谈四根常用均线的看盘技巧 / 210

慧眼识"妖股"的三大特征 / 215
数据揭示：股市的涨跌有规律 / 219
经典缺口理论在实战中的运用 / 221
借你一双慧眼，盘中识庄抓牛股 / 226
判断个股是反弹还是反转的简单五招 / 229
把握震荡的市道中操作最稳妥的五个节奏 / 231
中国"芯"将成为翻番牛股 / 233
苹果市值超万亿美元的启示 / 236

非常时期的八招应对策略 / 239
巴菲特选股的四把叉 / 242
跟着大基金轻松抓到翻番股 / 244
实战中庄家虎口夺食秘籍 / 247
直播带股，玄机重重 / 250
股市中因祸得福赚大钱的经典故事 / 252
向"击鼓传花"投机炒作说"不" / 255
从延江股份看我们的选短线牛股逻辑 / 258

后记：除了等待和忍耐，你别无选择 / 261

做一个快乐的股市赢家

炒股快乐吗？回答是肯定的，要不为何有1亿多投资者，扛着用钞票扎成的救生圈，奋不顾身地往股海里跳，去跌宕起伏的股海里畅游，去享受冲浪的快乐。

炒股痛苦吗？回答也是肯定的。这1亿多投资者，经历过史上最漫长最惨烈的熊市。

成都的盲人钟旭先生因为炒股获得了光明，他不仅创造了财富，还收获了快乐。他说："盲人炒股与正常人相比非常不方便，盲人看不见K线图的变化，只能靠听证券类电视节目和广播。"但钟旭炒股不学盲人摸象。后来，他学会了用语音软件和证券软件结合炒股，基本能做到胸有成竹，他在低价位抓住后来翻了10倍的东方通信，看到了明眼人都难发现的黑马。重庆双下肢瘫痪的小贺，坐在轮椅上，在网上炒股，不仅能自食其力养活自己，还挣回了一套两室一厅的新房，重要的是，他在股市上找回了自信。作为健全人面对股市难道不应该像万科的创始人王石一样，说一声：我能！是的，你能！炒股不仅需要高深的学问，还需要一种快乐的心态。面对涨跌，处之泰然，看准了趋势，便敢于下手。交易厅里以退休老头老太太居多，成了老有所养老有所乐的场所。退休后，他们每个交易日会到交易厅报到，告别孤独，广交股友，无论输赢，聊聊天，谈谈股都开心，加之炒股要做功课，开动脑筋研究报表，这是治疗孤独症、抑郁症、老年痴呆症的良药。同时炒股风险自担，也大大提高了人们的心理平衡能力，真乃其乐无穷。而在中年上班一族眼里，炒股变成了一种艺术，使之超越了股市，超越了财富。

　　炒股有赔有赚，会有套牢，关键看你如何面对。曾任美国总统的艾森豪威尔年轻的时候，一次晚饭后跟家人一起玩纸牌游戏，连续几次他都抓了很坏的牌，于是就变得很不高兴，老是抱怨。他妈妈对他说："如果你要玩，就必须用你手中的牌玩下去，不管那些牌怎么样，人生也是如此，发牌的是上帝，不管怎样的牌你都必须拿着。"艾森豪威尔一直牢记母亲的这句话，从未再对生活有任何抱怨。相反，他总是以积极乐观的态度去迎接命运的每一次挑战。股市也是这样，面对这4000多张牌，发牌的是上帝，选牌的却是你自己，且每一回合都要重新洗过。你可能选中带有大小王的"火箭"，也可能选中垫底的"小3"。因为你是凡胎肉眼，看不透底牌。要紧的是，你有多大的财力，就炒多少股，你不要指望一夜暴富，更不必去羡慕别人从8000元炒到1亿元的神话，那是神不是人，神是不快乐的。当然，你更不能闭着眼睛瞎选，那样就真成了盲人摸象，想快乐都快乐不起来。因此，你真的有必要读一读《散户盈利的43条法则》这本书。所谓散户盈利者，已有无数招数烂熟于心。只有真正地掌握了各种知识、工具、技术层面上的"艺"，才能对它进行解构、重构、萃取、融合，由"匠"而"师"，到达"艺术"的层次。许多善论剑道者，未必能拔剑杀人。平时静坐谈心性者，往往只能纸上谈兵。实战出真知，只有精于技巧并超越技巧，才能生存于这个市场。

　　作者熟识经典的实战技巧及几十种股市兵法，曾分析的翻番个股比比皆是，在网络和报刊上以通俗易懂的文字撰写的文章也深受广大读者喜爱，这本书就是对作者的这些独到理念及实战技巧的总结。

　　如果你想一直玩下去，不妨看看胜者的经验。香港富豪李兆基选股的三大原则很简单：一选国家，他首选经济高成长的中国；二选行业，他看中了高科技高成长等行业；三选这些行业的龙头，买进后无论大盘涨跌都胜券在握。美国人费舍写了《怎样选择成长股》一书，能告诉你选股的真谛。投资大师巴菲特是这样评价这本书的："运用费舍的技巧，可以彻底了解资本市场，有助一个人做出聪明的决定。"笔者不可能也不敢与这些大师比肩，但这本书绝对不会让你失望和后悔！因为它是用心血凝聚成的！

你是快乐的，你就是聪明的。追求快乐，营造快乐，快乐地炒股，你一定会享受到炒股的快乐！

是为序。

苏渝　2020年于海南

上篇 独家经典投资理念篇

股市投资，最重要的是什么？是投资理念，而非投资技巧。投资理念属于精神层面的东西，它能够指引投资的方向。所以，当我们一头扎进股市的时候，先不要急于学习投资的技术和方法，而要学会正确的投资理念。正确的投资理念可以让我们的收益翻番，错误的投资理念一定会让我们误入歧途。

下面的43篇文章干货满满。作者作为一个成功投资者，结合当下时代特点，用通俗的语言向散户投资者介绍在证券市场应该确立的正确投资理念。这是把阳春白雪的炒股高深理论变成下里巴人的真正通俗读物，方便新股民阅读后即可投入实战。

本轮大牛市的九大猜想

2019年中国股市走牛后,给投资者出了些难题,譬如:看跌不跌,思涨不涨,热门不热,冷门不冷,群龙无首,放量创新高,利好洗盘,利空助涨等。一些股友出于信任,要笔者对后市做一个猜想,于是笔者结合当下中小散户的流行语,做了一个总结了,凑成了如下的九大猜想:

本轮大牛市的九大猜想

◆ **猜想一：行情"没完没了"**

对于本轮行情，散户们看得非常乐观，他们认为本轮行情不会终止于2019年3578的高点，而是有可能把历史新高踩在脚下。其理由有：

其一是管理层默认了上涨模式，基本上不再行政干预个股的炒作。监管者不但不查，还开闸放水。

其二是散户套住了庄家，庄家被吊在高价股上，由于散户不去接盘，庄家不死不活出不了货，从而提升了市场价格。庄家在高位自拉自唱，还要付交易费和缴纳印花税。散户们认为只要大家拧成一股绳，不受所谓的价值主流的诱惑，不碰那些爆炒过的高价股，庄家就出不了货，纸上富贵变不了现，行情就会"没完没了"地延续下去。

◆ **猜想二：成交量不"见"放大不"散"**

价升量增，这是所有股评教科书中铁的定律。倘若量价背离（顶背离），便应该立即逃顶。然而，本轮牛市行情中，每次逃顶都逃进了空头陷阱。股指量价背离屡创新高说明了什么？散户对比有新的诠释：一是前期第一波冲3300点成交量两市达万亿元；二是散户吃一堑长一智，坚信不追高不杀跌，看好经济持续向好的大背景，即使套住了也不割肉。散户认为倘若某一天成交量陡然放大致1.5万亿元以上，那些题材股也会追赶高价股，便昭示免费的流水筵席即将散场，这就叫成交量不"见"放大不"散"。

◆ **猜想三：券商股评家"有话好好说"**

"天不怕，地不怕，就怕券商股评家说这个婴儿底、尿片底什么的话。"这则市场民谣并非恶意嘲笑，它揭示了本轮行情的一个市场现象。当券商股评家对某个题材一致看多时，市场却用一根大阴棒，打得其晕头转向；当券商股评家一致看空，说要向下补2019年1月那个向上跳空缺口时，一根大阳棒，撑得其张口结舌。现在散户同券商股评家反向操作，你说大跌时就做多，你说大涨时就做空。你要我去追千元股，我偏要去买几元的低价股。一点不给券商股评家面子。难怪券商股评家每每会预测失误，甚至连庄家都埋怨：咋个把咱哥们引到半山腰抽梯子就走了？看来券商股评家应该看清行情的性质，把虚话变成实话，"有话好好说"才行！

◆ 猜想四：上市公司"一个都不能少"

假如要散户评选股市最耀眼的一颗明星的话，恐怕得票率最高的不是曾大放异彩的东方通信，而是 *ST 大唐，该股在 2019 年 4 月从 5 元多涨到了 16.51 元。散户认为：本轮行情诸多利好中，最重要的利好就是退出机制。上市公司寿终正寝的美梦，被平地一声惊雷震醒了。那些滥竽充数的公司混不下去了，那些占着茅坑不拉屎的公司恐怕不能不挪开屁股了，那些戴着 ST"桂冠"而濒临退出的公司不得不倾其财力背水一战重组。于是，散户猜想上市公司大多能起死回生，"一个都不能少"！

◆ 猜想五：题材股"看上去很美"

虽说天有不测风云，但牛市总是在阴云之中又迎来"灿烂晴朗的天"，让人感到太阳每天都是新的，怎么看都美。行情让所有的专家都喊看不懂，最难懂的即第一条猜想提到的"利空助长"。

凡遇利空，大盘都会低调"迎亲"，把丑媳妇娶进家门后又一路上涨。更让专家看不懂的是，一些预亏的个股却出现了翻番的行情。专家看不懂，散户却看懂了。他们认为区别牛市和熊市的分水岭就在于出利空后是跌还是涨，且牛市的力度与利空的承接力成正比。原因是各路庄家手捏着大把热钱，想迫不及待换取廉价筹码（绝不要高价）。庄家要坐庄，仓里没有粮草，是绝不为他人抬轿的。沪深股市预亏股在发布公告后都有一个放量下跌的过程，却成了庄家"进庄"的绝佳时机。

◆ 猜想六：小股东"没事偷着乐"

"蛇吞象"同"异想天开""贪心"那类贬义词同义。如果我们把上市公司的大股东比作象的话，那小股东自然就是蛇。因为在大股东眼里，小股东从来都是"小菜"，甚至连小股东自己也没股东意识。可眼下小股东不仅不是"小菜"，而且还坐上了正席，吃上了海鲜，没事偷着乐了一把。

提升小股东地位源于2018年10月中超控股的股权争夺战。开股东会那天，引发会场紧张气氛的是几位中小投资者。一位投资者表示，自己对于公司信息的获取，主要来自公司公告，看到中超控股引进新的实控人团队等系列公告后，他立即动员身边的人大胆加仓中超控股，因为与有实力的财团合作，公司一定会蓬勃发展。然而，后面中超控股的发展却事与愿违。另一位自称从事银行业工作30余年的股东代表则提出，在从公告中得知公司董事长向银行发送自己将不履职的《告知函》后，他感到震惊，股东间本该可以协商解决的矛盾，竟然导致企业可能面临被银行抽贷的局面，让广大中小投资者感到心寒。结果，上任才281天的董事长遭小股东罢免。

散户认为，或许有一天，小股东携起手来，也能把那些不思进取、糟蹋股东钱财的公司（特别是流通股大于国家法人股的）的董事长或总经理拉下马来。让小股东"没事偷着乐"变成光明正大的乐，何乐而不为呢？

◆ 猜想七："高价庄股""一地鸡毛"

高价庄股在熊市中出不了货十分抗跌，有的几百元股还不断创出新高。于是有市场人士又鼓噪，昔日牛郎今又来，上千元不是梦，希望广大散户卖了手中的深套股去追高价的庄股。股市上没有永久的赢家，坐庄也不例外。大基金重仓股因资金雄厚、筹码集中和看得见底牌的优势，长期在股市中要风得风、要雨得雨，扮演着"欺行霸市"的角儿。然而，这轮牛市政策变了，风不调了，雨也不顺了，由于长期进行掠夺性开发，让靠散户吃散户的生态环境遭到了破坏，致使以往那一套坐庄的模式不灵验了。

上了太多的当、吃了太多的亏的中小投资者渐渐看清了庄家的演技，识破了其拉高出货的"老千术",决不入套,反而请君入瓮,把庄家套在了高位。所以最近高价庄股"一地鸡毛"。

◆ 猜想八:科创板市场"玩的就是心跳"

为什么说科创板市场"玩的就是心跳"?一是投资者门槛50万,必须要有24个月的投资经验;二是放宽涨跌幅限制,上市前5天不限涨跌幅,第6天开始设限20%。也就是说:首次公开发行上市、增发上市的股票,上市后的前5个交易日不设价格涨跌幅限制。这个好玩了,5天后涨幅是20%,波动更大了;三是虽说科创板暂不实行T+0,但盘后增加25分钟的固定价格交易时间(15:05~15:30),按当天收盘价成交;四是科创板试点注册制,重点支持高新技术产业和战略性新兴产业;五是严格退市制度,科创板公司退市要求比现行制度更加严格。所以说,科创板市场"玩的就是心跳"。

◆ 猜想九:《咱老百姓啊,今儿个真高兴》

沪深股市创立以来,欠了散户太多的债,牛短熊长,割了一茬又一茬韭菜。于是,才有了"一赚二平七赔"这样极端不合理的说法。倘若让其长久地发展下去,老百姓谁还陪着它玩?美股持续走牛,回调后又创出了历史新高,就是因有"你有我有全都有"的赚钱效应。截至2019年年底,A股总市值为52.8万亿元,而2019年上半年A股总市值为43.4万亿元,2019年下半年市值增了9.4万亿元。再根据最新的投资者数量1.48亿户简单计算的话,投资者户均赚钱6.4万元。此前股市走牛,连创新高,尽管还未能把不合理的乾坤倒过来,但起码做到了五五盈亏对开,使陈年老账得以偿还。中国股市如果也来一个大牛市,让老百姓也赚点钱,何乐而不为呢?

独家解析新《证券法》带来的新变化及不足

投资者盼望已久的《中华人民共和国证券法》经四审获通过，已于2020年3月1日起正式实施，这部修订后的新法较之前的《证券法》有哪些改变？

◆ **第一，在证券发行方面：重点强调了注册制**

解析：与注册制相配套的退市制度却没有强调。成熟市场都是上市和退市始终保持相对平衡。

◆ **第二，在投资者保护方面：力度加强且创新了证券民事赔偿诉讼制度**

解析：赔偿力度还是较弱，待细则出台。

◆ **第三，在法律责任方面：全面加大证券领域违法处罚力度**

解析：虽然提高了罚款数额，但对造假上市入刑方面没有强调，违法成本还是很低。

◆ **第四，在从业人员不准炒股方面加大了处罚力度**

解析：从业人员炒股，容易出现老鼠仓或操纵市场谋取利益的行为，应该重罚。

总体来看，新法的重点是注册制。下面，我们来通俗解释新《证券法》给资本市场带来的新变化。

◆ 第一，注册制是此次《证券法》修改的一个最重要内容

新版《证券法》在总结上海证券交易所设立科创板并试点注册制的经验基础上，按照全面推行注册制的基本定位，对于证券发行注册制做了比较系统完备的规定。

中国式注册制改革的发展历程

1．精简优化了证券发行的条件。

将现行《证券法》规定的公开发行股票应当"具有持续盈利能力"的要求改为"具有持续经营能力"。

2．取消了发行审核委员会制度。

3．强化了证券发行中的信息披露。

新《证券法》专设一章，对信息披露做了系统规定。

◆ 第二，加强投资者保护，创新证券民事诉讼制度

维护投资者合法权益是资本市场健康稳定发展的重要基础。"这次修改突出强调投资者保护，特别是就中小投资者的权益保护这一主线，进行制度设计。"

新《证券法》专章规定投资者保护制度，做出了许多颇有亮点的安排：

1. 充分发挥投资者保护机构的作用，允许其接受 50 名以上投资者的委托作为代表人参加诉讼。

2. 允许投资者保护机构按照证券登记结算机构确认的权利人，向人民法院登记诉讼主体。

3. 建立了"默示加入""明示退出"的诉讼机制，为投资者维护自身合法权益提供方便的制度安排。这包括：区分普通投资者和专业投资者，有针对性地做出投资者权益保护安排；修订后的《证券法》还探索建立了符合中国国情的证券民事诉讼制度。目前赔偿力度还较弱，我们期待更有力度的配套细则出台。

◆ 第三，构建更加有力的投资者权益保护机制

新《证券法》规范发行人、中介机构等市场主体行为，又规范证券发行、上市、交易、退市各个环节，完善信息披露制度，依法加强监管，加大对证券违法行为的惩处力度，着力构建更加有力的投资者权益保护机制。

这次修改的《证券法》"法律责任"一章是所有章节中条文最多的。能更严厉地打击证券违法行为，提高违法行为成本，努力营造一个风清气正的市场环境，严厉震慑违法行为人。

从行政处罚力度上看，针对欺诈发行，新《证券法》规定，尚未发行证券的，要给予发行人 200 万元以上 2000 万元以下的罚款；已经发行证券的，要处非法所募资金金额 10% 以上、1 倍以下的罚款。另外，新《证券法》针对虚假陈述、内幕交易、操纵市场等违法行为，都大幅度提高了行政处罚力度。不过，新《证券法》虽然提高了罚款数额，但对造假上市入刑方面没有强调，同成熟的资本市场相比，违法行为人的违法成本还是很低的。

注册制给股市输送了什么新鲜血液

新修订的《证券法》明确了全面推行注册制，将发行股票应当"具有持续盈利能力"的要求修改为"具有持续经营能力"；同时，大幅度简化公司债券的发行条件，取消发行审核委员会制度。

我们先来了解一下什么是股票发行注册制。

注册制主要是指：发行人申请发行股票时，必须依法将公开的各种资料完全准确地向证券监管机构申报。证券监管机构的职责是对申报文件的全面性、准确性、真实性和及时性作形式审查，不对发行人的资质进行实质性审核和价值判断，而将发行公司股票的良莠留给市场来决定，其核心是只要证券发行人提供的材料不存在虚假、误导或者遗漏就可以。这类发行制度的代表是美国和日本。这种制度的市场化程度也最高。

个人以为，注册制对市场影响有四大利好、一大利空。长远来看，注册制将减少为权力寻租买单，减少波动，强化价值投资，这对中小投资者带来的好处要大于其损失。

◆ 在利好方面

第一，现行的核准制存在明显的制度缺陷

当某些人手握谁可以上市的大权时，不可避免会引发权力寻租现象，这些权力可能会被转化为个人利益。

第二，注册制有助于将社会闲散资金注入实体经济

实施注册制，壳资源就不值钱，还会吸引大量的资金进入股权投资市场，进入中小微企业，投资和服务于新经济。这种市场化的资金注入，打通了股市和经济的"任督二脉"，显然比从银行贷款更有实效。

第三，注册制减少壳资源炒作

我们知道，核准制的结果是壳资源稀缺，而不是投资资金稀缺。其结果是，很长时间里，一堆资金围着壳资源乱炒一通，曾经的创业板平均市盈率达到150倍以上。这其实就是投机炒作，最终，中小投资者大多沦为庄家刀下的韭菜。

第四，注册制增加市场稳定

上一波股市大波动，有很多人认为拖延了注册制施行的脚步。笔者认为是注册制的拖延一定程度上导致了股市大波动。暴跌的核心原因只有一个，就是短时间内暴涨形成了巨大泡沫。我们知道，在严格的核准制下，企业上市的节奏肯定跟不上杠杆资金入场的节奏。如果注册制早点推出，如果股票注册制供应与退市制度（退市的相关细则应尽快配套推出）保持一定的动态平衡，就解决了A股只进不出、只吃不拉的供大于求的每年全球股市垫底的股市生态。

◆ 在利空方面

因为目前的股票价格是有壳资源溢价的，也就是含有审批权力的价值。如果推行注册制，部分股票，特别是遭爆炒的ST类或业绩较差的中小市值股票的价格会价值回归，引起大盘短期利空。我们看到，新修订的《证券法》中的注册制一经公布后，市场低开高走，前期炒高的ST大面积跌停，就是在消化这一利空因素。这就好比，手里持有出租车牌照的人，大多会反对完全市场化且无须牌照的网约车，或者是任何私人都可以开的黑车。

巴菲特股东大会给我们透露出什么信息

2019年北京时间5月4日晚间,伯克希尔·哈撒韦公司举行第54届股东周年大会,首席执行官沃伦·巴菲特和副主席查理·芒格回答股东提问,他们谈了公司的投资逻辑没有改变,很满意苹果是伯克希尔第一大持仓股。

当问及巴菲特如何看待中国金融业扩大开放,以及是否未来在中国投资新业务时,巴菲特表示,中国是个大市场,我们喜欢大市场。在中国没有新的开放政策时,我们就已经在接触中国了。伯克希尔已经在中国做了很多,但是没有做足够,未来15年内也许会做一些更大的部署。只不过由于人民币还不能自由兑换及A股还是一个相对封闭的市场。伯克希尔买入A股股票也许还要等几年。

◆ 芒格:对于不了解的,我们一向很谨慎

对于有股东提问在5G时代的投资方向是什么,芒格则称他对于5G不太了解。巴菲特引用古希腊《伊索寓言》中"一鸟在手胜过百鸟在林"这句谚语,再次阐述了他的投资理念。在他看来,黄金白银最实际,把钱押在高风险的公司上,不过是在做一厢情愿的发财梦。芒格说:对于不了解的公司我们一向很谨慎。

◆ **巴菲特：自己不会投资看不明白的科技股，会雇佣投资经理**

巴菲特在股东大会表示，我们喜欢护城河，喜欢占据市场主导地位的公司，如果科技公司确实能建立护城河的话，会非常有价值。但我们还是不会投资看不明白的科技股，但会雇佣投资经理来投资。笔者认为，巴菲特重仓苹果就是因为看明白了苹果作为科技股的未来市场前景！

◆ **巴菲特：一些智商很高的人因为做杠杆最终把事情搞砸**

巴菲特谈做杠杆时表示，查理和我不会去做，我们目睹过一些智商很高的人因为做杠杆最终把事情搞砸。巴菲特还警告说，不要对"所谓的另类投资"感到兴奋。笔者认为，做杠杆炒股、卖房炒股、融资配资炒股都是炒股的大忌，把事情搞砸是唯一结果。

散户炒股要学学巴菲特这四招

2019年6月巴菲特午餐价格出炉,共有3位神秘的中国人拍下巴菲特午餐,其午餐已累计筹得善款2900万美元。《福布斯》报道中称,格莱德基金会(巴菲特自2000年起每年拍卖一次与他共享午餐的机会,把拍卖收入捐给格莱德基金会)每年的预算为1800万美元,会提供超过75万份餐食,为8500人提供紧急庇护所,做2600份艾滋病毒和丙型肝炎检测,并为450名儿童提供日托和其他的学校项目。

2017年笔者有机会参观了巴菲特家乡奥马哈的农场。"股神"巴菲特看起来是个慈祥的长者,他似乎更喜欢家乡奥马哈的农场,而不是曼哈顿

巴菲特投资的四大原则

市中心的董事会会议室。这种朴素作风也体现在他的投资方式上。用他自己的话说，就是管好自己的事，做自己力所能及的事。

巴菲特的投资方式究竟有什么过人之处，我从他书中总结出四个最简单的招法：

◆ 第一招：要赚钱而不要赔钱

这是巴菲特经常说的一句话："投资的第一条准则是不要赔钱；第二条准则是永远不要忘记第一条。"因为如果投资1美元，赔了50美分，手上只剩一半的钱，除非有百分之百的收益，才能回到起点。

◆ 第二招：别被业绩蒙骗

巴菲特更喜欢用股本收益率来衡量企业的盈利状况。股本收益率是用公司净收入除以股东的股本，它衡量的是公司利润占股东资本的百分比，能够更有效地反映公司的盈利增长状况。根据他的价值投资原则，公司的股本收益率应该不低于15%。在巴菲特持有的上市公司股票中，可口可乐的股本收益率超过30%，美国运通公司达到37%。

◆ 第三招：炒股不要只盯眼前，要看未来

巴菲特选股总是有意识地去辨别公司是否有好的发展前途，能不能在今后25年里继续保持成功。巴菲特常说，要透过窗户向前看，不能看后视镜。预测公司未来发展的一个办法，是计算公司未来的预期现金收入在今天值多少钱。这是巴菲特评估公司内在价值的办法。然后他会寻找那些严重偏离这一价值、低价出售的公司。

◆ 第四招：要胡就胡一把大的

就像成都人打麻将一样，很多人牌局到了中后期，不愿去放炮，由于炮牌不能打，孤单单地留在手里必然妨碍自己和牌。这样，最好是将危险牌编到面子牌中去，这是最安全又最有利的战法。因为这样一来，这张

危险牌的左右联络牌也都打上了保险系数，均不会轻易舍出，这样危险性大大减少。绝大多数散户天性保守，但巴菲特不是。他投资股市的620亿美元集中在45只股票上。他的投资战略甚至比这个数字更激进。在他的投资组合中，前10只股票占了投资总量的90%，这符合巴菲特的长线投资理念。你为什么不把钱投资到你最看好的投资对象上呢？记住，巴菲特的长线投资原则就是：不要频频换手，直到有好的投资对象才出手，要胡就胡一把大的。

上市公司质量才是大牛市的基石

2019年4月，一篇名为《中国资本市场是普通人改变命运的第八个机会》的文章在网上点击阅读量巨大。文章分享了对中国未来经济和资本市场的一些观点，其中提到了中国资本市场是普通人改变命运的第八个机会：第一次是1978年恢复高考；第二次是20世纪80年代创办乡镇企业；第三次是价格双轨制的套利；第四次是1992年的下海；第五次是资源狂潮，就是WTO的红利，煤老板和钢老板发财；第六次是地产泡沫，2005年以后房价的暴涨；第七次是网络福利，也就是腾讯和阿里等网络公司的故事。确实，这七个机会每一个都非常给力，大家在过去抓住任何一个机会都足以改变人生。所以我们大胆地预测：中国资本市场是普通人改变命运的第八个机会。一句话，大牛市来了。那么，什么才是大牛市的基石呢？当然，不是靠吹牛。上市公司质量才是大牛市的唯一推动力。

上市公司之所以被称为社会公众公司就在于其社会化。上市前你是国企，就是国家的儿子；你是民营企业，就是家族的儿子；上了市，就是广大股民和基民（亦称公众股东）的儿子。你的一言一行，一举一动都必须为股东负责。然而，我们有的公司上了市，不用还本付息的钱进了荷包，就忘了谁是哺育者。所以，优质的公众公司还要迈过必须跨越的五道坎：

◆ 第一，社会责任坎

上市公司历来就是中国众多企业中的佼佼者，无论是在环境保护、投资者回报以及社区建设等方面都应当成为行业的排头兵。保护生态环境，建设美丽中国，是每一个企业社会责任的重要体现。然而，涉及环境污染问题的上市公司众多。证监会新闻发言人高莉曾表示，证监会将继续对重大环境污染违法行为的执法保持高压态势，依法全面从严实施行政处罚，督促上市公司切实履行好生态环境保护义务。巴菲特承诺将所有财富用于慈善事业，比尔·盖茨拿出自己一半的资产成立盖茨慈善基金，他们的伯克希尔·哈撒韦公司和微软公司也因此成为最优公众公司。社会公众公司在社会责任面前没有理由讨价还价，不迈过这道坎，就可能掉进阴沟里。

◆ 第二，分红坎

重融资轻回报，是我们股市的一种顽疾。我们曾从F10资料和上市公司报表中筛选出一组"铁公鸡"。312家公司连续5年未分红；一家股价炒得很高、业绩也不错的蓝筹公司，1999年上市以来未分一分钱，除了股改未送过一股，融资却达到8.88亿元……这些公司业绩和公积金都不差。笔者认为，分红应同上市公司再融资硬性挂钩，一毛不拔的"铁公鸡"应该剥夺它的再融资的资格，让公众公司不再吝啬，迈不过不分红这道坎。

◆ 第三，再融资坎

作为公众公司，取得了上市权，再融资无可厚非，但融多少、什么时候融、采取什么融资方式、募集资金投向都应公开透明，掌握适当的度。倘若把资本市场当作提款机，募集资金向公众股东打哑谜，狮子大开口，不被撑死，就会被饿死。因为公众公司的口碑比钱重要十倍百倍。

◆ 第四，信息披露坎

公众公司在重大资产重组、签订大合同、高送配、停牌前，消息都会不同程度地走漏，从而让一些利益团体赚得盆满钵满。2019年，中国证监会全年作出行政处罚决定310件，同比增长38.39%；罚没款金额106.41亿元，同比增长42.28%；市场禁入50人，同比增长13.64%，有力地维护了资本市场运行秩序，有效地保护了投资者的合法权益。

◆ **第五，大非解禁坎**

牛市来了，在投资者跑步进场的同时，伴随着行情转暖，各类大股东与部分公司高管开始跑步离场。2019年以来，A股公司相关股东已发布445份减持计划，涉及241家上市公司，估算减持市值达364亿元。2019年2月19日，仅华西证券大股东一家的减持市值就达到12.5亿元。2019年涉及公司高管（及其直系亲属）的减持记录逾百条，其中有9家公司的12位股东出现清仓式减持。顾全大局、诚信、操守、自律是甄别一家公司是否优秀的公平秤。

炒股与不炒股的七大理由

我们该不该炒股

◆ 当下炒股的七条理由

第一,炒股是当下最佳选择。降准、降息(预期)、投资渠道少之又少,券商都像推销员一样上街拉客户,除了炒股还能干啥?现在炒股就是抄历史大底,冷不丁个股突如其来暴涨,就像捡钞票一样轻松。

第二,股市像一个大舞台,暴涨暴跌,每日上演着轰轰烈烈的悲喜剧，演员不用化妆，更无须演技，能炒就是明星。

第三，炒股是一种高尚的职业。当代民谣曰"一流职业炒股票，二流职业做广告，三流职业满街叫。不想做叫卖的摊贩，请来炒两把玩玩。"

第四，股市是棵摇钱树，能使人快速致富。摇动它，全凭力气、勇气加运气。不摇，钞票般的树叶不会掉在你头上。不信，你看电视上股评家嘴里天天都能跑出大黑马。

第五，股市充满了哲学，能告诉你静与动、苦与乐、穷与富、生与死、希望与失望的哲理。选股要先思考，炒股者跟哲学家在有些方面是很相似的。

第六，股市能磨砺人的意志，使人坚强，即使5000多点买进，2400多点割肉，拦腰斩断也不会吭上一声。

第七，炒股是智者的游戏，少数人赚多数人的钱，要有很高的文化修养，股评理论高深莫测。不信，为何基金经理起码要有硕士博士学历才有资格担任，天生大才必炒股。

◆ 当下不炒股的七条理由

第一，炒股是误入怪圈。国民经济蒸蒸日上，股市却江河日下。股市是个大套绳，谁要是不小心把头放进去，必死无疑。2019年的股市不仅套住了股民，还套住了券商和所有的相关产业，也包括设套者自己。

第二，股市有风险，其险恶在于不仅出利空、出利好，弄不好会要命。利好一茬茬出，指数一波波下。就像那首歌唱的："把我扔到井底下，你割断绳索就走啦……"

第三，股市是个大跳台，2019年是白马股跳水比赛年，康得新、暴风集团等高台跳水，庄家摔得断胳膊断腿，溅起的水花打湿的却是股民衣衫。

第四，股市是部提款机，你把钱放进去，别人无须验明正身就能提走，且不打收条。其本领就是能破解密码，有首歌是这样唱的："请把我的股带回你的家,请把你的钞票留下。"要钞票还是要股,请选择吧!

第五,炒股是家庭破裂的导火索。炒股不知炒散了多少家庭。男人家庭观念被越炒越淡,要股不要妻,而一跌再跌的股票就是那勾魂摄魄的第三者,使男人壮不起胆,直不起腰。女人亏了钱埋怨男人无用。一人被套,全家遭殃。

第六,炒股算不上职业,如果算的话,也是最低级的职业。有一时髦顺口溜为证:"工作没法找,只把股票炒。单位下了岗,股市混着过。"

第七,炒股能使人衰老,股民无时无刻不为股票深度套牢魂牵梦萦,钱没少赔,皱纹却没少赚。同时,能生百病,特别是高血压、中风、歇斯底里症等,如今能在大庭广众口若悬河的,不再是演说家,除了卖狗皮膏药的便是股民。

当下炒还是不炒,自己看着办!

抄底时必须扪心自问的十个理由

炒股在抄底的时候,我从来不会参考任何技术图形,更不会听信任何消息。我通常只问自己10个非常简单的问题:

◆ 第一,我是否知道这家公司是做什么的?它是否只有一个主业?

近年来,上市公司外延式扩张意愿增强,通过并购重组等方式涉足热门行业。特别是一些传统行业、产能过剩行业业绩持续承压,企业跨界转型的愿望强烈。环保行业的公司进军生物医药领域,服装行业的公司收购电商企业,烟花生产企业转型发展互联网金融,汽车零部件企业投资手机游戏项目,多个传统行业上市公司纷纷涉足影视剧制作,令投资者眼花缭乱。不少公司采取双主业的发展战略,两个主业间"八竿子打不着",像"百货+金融""陶瓷+教育""LED+车联网""光电+传媒""电缆+紫砂壶""农业+光伏"等各种组合的双主业战略出现。例如,中超电缆先是巨资收购紫砂壶,接着开启"以电缆为主的高端装备制造+以紫砂为主的文化金融"双主业驱动的多元化战略。对此,投资者心存疑虑,担心双主业可能成为"双刃剑"。

◆ 第二,10年以后这家公司是否还会在?或者说它还在的可能性是否足够高?

伴随着五花八门的借壳重组,上市公司还掀起了"换马甲"热,热衷于更改公司名称及股票简称，不断涌现"奇葩"名称，甚至有的将其作为炒作股价的手段。

◆ 第三，它所处的行业如何？

它所处的行业是否是一个正在快速增长、并且随着我国居民可支配收入的提升，在未来会超比例获益的行业？

比如：是否是新兴的朝阳产业，而不是传统的夕阳企业。

◆ 第四，这家公司是否跨界经营？

上市公司顺应经济转型升级和产业结构调整的趋势没有错，但问题在于，不少公司"概念先行"的倾向明显，热衷于通过跨界并购重组进行概念炒作。有市场人士提醒，跨界经营可以增加公司盈利来源，降低对单一主业的过分依赖，有利于降低行业风险，同时提高营业收入。但弊端在于，跨界经营可能造成资源分散，不利于提升核心竞争力。跨界经营并不容易实现盈利升级，新进入的行业领域往往存在未知风险。

◆ 第五，它的产品你用吗？

作为消费者，我及我周围的人是否愿意使用它的产品或者服务？公司产品或者服务美誉度怎样？是否存在商誉减持问题。

◆ 第六，它会被同行超越吗？

它的行业地位是否很容易被取代？它相对于它的追随者而言是否有一定的门槛？

◆ 第七，它目前的市盈率、市净率倍数等估值参数是否相对合理？

◆ 第八，它的平均交易量是否足够大？流动性是否足够好？

◆ 第九，它的掌门人在接受媒体采访时流露出来的思想和理念我自己是否认同？

◆ **第十，这家公司是否存在大量关联交易？**

关联交易，是指公司控股股东、实际控制人、董事、监事、高级管理人员与其直接或者间接控制的企业之间的交易，以及可能导致公司利益转移的其他交易。目前公司的关联交易不可避免，而且在通常情况下，公司会合理充分地利用关联交易来为企业带来益处。通过集团内部关联方适当的安排，可以优化和加强企业间的合作，有助于增加公司的规模经济效益，也有助于向集团化和跨国公司方向发展。但从长期来看，关联交易产生的后果会对公司产生不利的影响，也蕴含很多法律风险。因为关联交易可能会使公司陷入财务困境，有可能产生坏账的风险，如大股东提供担保、资金或大股东以其他方式占用公司的资金，这些均会给公司带来潜在的经营风险。

如果这10个问题的答案都让我觉得比较踏实，那么不管趋势是涨还是跌，我都会毫不犹豫地买入。也许股价明天还会继续下探，也许市场明年还会有更好的买入时机，但是没关系，我知道我永远不可能抄到最低价，正如我永远不可能抓到最高价。我只要中间那段，剩下的与我无关。

抄底与不抄底的两难选择

如果有人说，往前走，你能捡到钱。恐怕这话连鬼都不相信。能捡钱，为何自己不捡？

如果有人说，往前走，你能网到钱，恐怕信的人并不比鬼多。打开互联网，各类免费荐股多如牛毛。只要你不怕麻烦，随便点几下鼠标，难道幸运的金草帽就会落在你头上？形形色色的股票类网站，为提高点击率，多以免费做诱饵。

如果有股评家说，往前走，去股市抄底，你能捞到大钱，恐怕不相信的人比鬼还少了。股民将在股市底部买股票称为抄底，同样，在美国称为抢底，在港台称为捞底，这"捞"字蛮形象。有个成语叫"水中捞月"，讲的是猴子捞月一场空的故事。2018年来一路"捞底"的股民，有几个不是"水中捞月"呢？

抄底，还是不抄底，是个恼人的问题。某个周二收盘后，同为股民的褚氏三兄弟正聚在老二褚波家谈股论金，商议下一步的投资谋略。三兄弟都是先富起来的那类股民，先是在股市里赚了钱，后又在股市里输得很惨，翻本就成了他们最关注的大事。

"依我看，是捞底的时候了。"老大褚海说，"股市从3587点一路下来已跌了近20%，虽然底在哪儿鬼大爷也说不清楚。但有一点是肯定的，要捞的底越来越近，不会越来越远。"

"依我看，底还远着呢。"老二褚波说，"我们在3500多点成功逃顶，可到3300点时手痒了，一路捞底下去，出一次利好捞一次底，结果这股市像水中的月亮，没有最低只有更低，弯弯月亮像镰刀，捞一次手被割一次。"

"瞎扯啥，"老三褚涛说，"世界上没有只跌不涨的股票，如果有的话，那多半是冥币炒起来的。而今已经有上百家上市公司跌破了净资产，有的3元净资产的股票股价却只有2元，2元的股票每年分红2毛，就是每年领红利也比存银行划算。"

"管他是冥币还是美币，股票能涨才是硬道理。"老二褚波说，"现在'大小非'问题没解决，个股不讲价值，都千篇一律齐刷刷向'大小非'成本看齐。"

"'大小非'就让他们飞，这个问题迟早会解决。"老大褚海说，"现在中美贸易争端利空出尽。股市不涨，刺激内需就是句空话，各方力量不会再容忍股市下跌了。最近周边大跌，我们居然不跟跌了。这次不是底，你们把我脑瓜当球踢。"

老二褚波说："现在抄底有抄底的理由，不抄有不抄的道理，干脆咱们来抓阄，少数服从多数。"得到赞同后，由老三褚涛执笔在五张白纸上写"抄底"，在另五张白纸上写"观望"。之后，捏成一团，打乱，让三人闭着眼抓。当现场裁判褚波的儿子展开纸团时，两张"抄底"以相对的多数压倒了"观望"。

"天意，"褚海说，"老天要你发，挡都挡不住。"

老大褚海说："捞底，就次就是猴子也要从水中捞出月亮。"

老三褚涛说："恐怕不只是月亮，有可能是太阳。"

老二褚波说："抄底，捞底，被捞走的都是股民的鞋底。"

褚波的儿子天真地问道："爸爸，怎么会是鞋底呢？"

"这好理解。"褚波说，"股民没钱买鞋，只有打光脚板了。"

炒股的十大定律，本金安全最重要

◆ 第一，弱市中闻利好应坚决斩仓

此时的态度必须迅速决绝，要有壮士断臂的决心和勇气。

◆ 第二，闻利空消息可倾囊一搏

公司越发布股价异动警告，越宣布亏损严重，越不需理会，或者干脆视为利好消息也可。简言之，公司越亏损，股票越容易涨，即负利润率与股价成正比。比如：已退市的乐视网跌凶了也曾有中级反弹，因为高位套牢机构要自救。

◆ 第三，专家意见与选股错误率呈正相关

越听专家意见，越容易选错股。这倒不是说专家都是骗子。一般情形是，若专家推荐两只潜力股，你斟酌再三，选中一只。未选中的偏偏大涨，你买的那只绝对不涨，而且必跌无疑。

◆ 第四，下跌中暂时止跌时买入肯定错误

无论多好的股票，无论大盘涨势多么肯定，你一买入必下跌。

◆ 第五，上升趋势中卖出绝对错误

持股一年甚至两年，非但不涨而且大跌，于是忍痛斩仓。但今日出局，该股明日十有八九涨停矣，且十有八九要连续涨停数日。其停止上涨

的时间，一般在你追高后1小时内，随即大幅回调，再度令你套牢。

◆ 第六，宜做中线

鼓吹做短线的股评家一般是券商的喉舌；鼓吹买高价庄股的专家大多是庄家的哥们，或者就是庄家本人。故中国股民欲不受人摆布，以做中线为宜。何谓中线？定律曰：中线的时段长度，一般正好是你买入的那家公司从盛而衰直至破产、开始有谣传将被收购这样一个较长的周期。中线一定要买在低点卖在高位，买在高位一定会中线套牢。

◆ 第七，别盯着指数看

股市指数变化与绝大多数股民所持股票价格的变化没有太大关系，即指数上升而很多个股价格下跌依然，但真正的优质股即使在大熊市中也能我行我素创新高。

◆ 第八，别盲目相信公司业绩

一般来说，公司业绩与公司经营状况无关，一般是根据大市特别是该公司股票的表现而确定年报的盈利状况。在账面上做业绩，可以避免被摘牌、被警告、被股民抛弃。

◆ 第九，题材决定股价

决定股票价格的既非赢利水平，也非供求关系，而是题材。题材决定价格，犹如文学上的题材决定作品艺术水准。故从审美意义上看，中国股市可以称为现实主义加浪漫主义的证券市场。

◆ 第十，本金安全最重要

由以上所有定律可以得出最后的也是最重要的定律，即对一切股市，基本上均应从相反方面理解并以此作为投资决策之依据。此种决策之所以正确，乃在于可保证投资者不亏本，当然也不会盈利。因此，弱市中零收益率可谓中国股民的理想境界。因为，保住本金安全才是炒股的第一大要务。

新牛市新思路：炒股要炒大题材

2019年12月18日，笔者同多年的老朋友英大证券首席经济学家李大霄先生在微博上有过一段对话。起因是我看到沪指站上3000点后，《每日经济新闻》采访李大霄的一个视频：李大霄称"新牛市来了！"

新牛市要有新思路。相信年龄稍大一点的中国公民，都看过一部电影，那部电影叫《决裂》还是叫《反击》我现在已经记不起了，那个文化断层年代只有那么几部电影。然而，影片中葛存壮表演的"马尾巴功能"的细节，让人永生难忘，其子葛优都望尘莫及。葛存壮的贡献不只是表演艺术领域，而且为后来股市无穷无尽地挖掘题材埋下了伏笔。题材，原指文艺作品的材料，《辞海》解释为：文艺作品的要素之一。但在股市中被曲解为庄家拉抬股票而制造的借口。题材与概念相辅相成，有了概念就能挖掘出一个题材，有了题材就能诞生概念。

炒股就是炒题材。既然是炒，就必须翻去翻来。这如同年赚百万的网红蛋炒饭高手，就是不停地翻炒，才创出了名气，什么时候翻慢了，饭也就炒焦了。同样，沪深股市什么时候题材制造得多，挖掘得深，什么时候就火爆；什么时候题材炒尽了，什么时候就低迷。挖掘题材像挖掘金矿一样，成了股市淘金者永远热门的话题。题材或诞生于庄家精心策划的密室，或流传于散户集中的民间，有的甚至是上市公司凭空编造的故事。这些年，沪深股市诞生了多少题材，恐怕数不胜数。老股民还记得当年叱咤风云的三无题材,"5·19 行情"中受美国纳斯达克指数诱惑直线飙升的网络题材,新股民却在津津乐道 2019 年热炒 5G 题材、工业大麻题材、氢能源、稀土题材,等等;后来又流行的区块链、分拆上市及无线耳机、胎压监测等题材。2020 年新型冠状病毒大爆发,有专家称双黄连口服液能抑制新型冠状病毒,让生产双黄连口服液的上市公司股票暴涨了一把,结果后来被打回原形。真可谓什么热门,就有什么题材相配合。

言归正传,我们来效仿葛存壮,挖掘一下马尾巴的功能题材:减肥题材(马尾骨因运动量大脂肪很少)、美容题材(马尾上的毛能做假发)、音乐题材(马尾能做琴弦)、运动题材(马尾巴能保持奔跑中的平衡)、生物基因题材(马尾巴萃取后能做干细胞等生物制品)、中药题材(马尾巴的药用价值很高,能治关节炎能壮阳)、纳米题材(马尾巴上的毛有的比头发丝还细)、生态农业题材(马可犁田)、卫生题材(马尾巴甩起来能赶走苍蝇蚊子)……够了,再挖掘下去,恐怕比葛存壮细数马尾巴的 18 种功能还多。

题材,多少人把你狂热追捧,多少人为你倾家荡产;题材,能把聪明人炒成傻子。一个题材被热炒后,便没有了题材。回过头来看,几乎所有的热炒题材并未实实在在提升上市公司的业绩。因此,炒股应从马尾巴的功能转向马的功能,即看马的体魄、奔跑速度和持续耐力。从炒题材转型到发掘上市公司真实的业绩。每一轮行情都有一个题材推波助澜,新的行情需要新题材。大题材说白了就是宏观大背景、周边股市的气候和政策导向。倘若沪深股市什么时候挖掘出"无题材"题材股,上市公司不仅业绩高成长,而且高回报(高送转和现金分红缺一不可),新牛市才算真正到来了!

一句话总结:上市公司的质量才是新牛市的基石。

机构在用大数据看你的底牌，我们散户如何生存

相信炒股的人都读过《你永远赢不了"凯利公式"》这篇文章。何谓"凯利公式"？凯利公式（也称凯利方程式）是一个拥有正期望值之重复行为长期增长率最大化的公式，由约翰·拉里·凯利发明，可用以计算每次投资或投机游戏中的资金与筹码的比例。

凯利公式在投资中可作如下应用：

第一，即使是有投资价值的公司，也有价值高估和低估的时候，可以用凯利公式进行比较；

第二，凯利公式适合非核心资产寻找短期投机机会；

第三，凯利公式适合作为资产配置时的考虑，对于资金管理比较有利，可以充分考虑机会成本。

"凯利公式"规则是这样的，掷硬币，正面赢反面输，赢了可以拿走一倍的钱，输了会赔掉本金，你玩不玩？你可能觉得，哎，这游戏不错，公平！恰好运气也不错，第一把赢了100元！你高兴坏了，这时候庄家跟你说，你看你也赢了这么多，我呢，辛辛苦苦搭个场子，最后什么都没捞着，要不这样，你赢了，就给我留下2%，给捧捧场，就当茶水费。你一听，2%？才这么点，拿去吧，不差钱！好了，这事就这么定下来了。这跟股市中的收取佣金及印花税一样的道理。然而你做梦都想不到的是：就是这小小的2%，最后却让你输得倾家荡产。这小小的2个点貌似不起眼，

但配上"大数据法则",就成为投机赚钱的利器!

别去赌场了,你永远赢不了"凯利公式"

"大数据法则"是数学家伯努利提出来的,说的是假设 $n(a)$ 是 n 次独立重复实验中发生 a 的次数,p 是每次实验发生 a 的概率,当 n 足够大的时候,对任意正数 ε,有 $\lim\{[|(n(a)/n)|p]\varepsilon\}=1$。公式这么复杂,散户一般看不懂,看不懂没关系,我们只看结果,一句话:最终你赢的概率只有 10%。

无独有偶,笔者读到的另一篇文章这样说:为了去散户化,现在股市里的机构用类似于"凯利公式"的大数据在操纵股票。说得通俗一点:即用大数据分析散户的底牌。当散户持有中小创股票时,他们就买入大盘蓝筹股,让中小创股票自由落体般暴跌,让蓝筹股暴涨;同时他们就在媒体上高唱:现在进入了价值投资时代,现在买入蓝筹股胜过早年买房子。而当散户卖了中小创股票去追高蓝筹股时,他们就获利了结,不计成本杀跌出货。2019 年上证指数从 3288 点杀到 2440 点,上证 50 跌超 20%,就是用了此方法把追高蓝筹股的散户套在了 3288 点的高位，从而亏掉了自己住的房子。散户或许永远也不明白，自己的对手不是运气，也不是庄家，他们是在与狄利克雷、伯努利、高斯、纳什、凯利这样的大师对决数学，赢的胜率能有多大？当然非常小，这也是中国股市"一赚二平七亏"这个公式长期存在的根本原因。面对机构用大数据杀戮散户，广大散户应如何生存？下面教你三招生存之术：

◆ 第一，做"T+0"交易

这是境外成熟市场普遍实行的一种交易制度，对提高市场流动性和投资者规避隔日股价波动风险有一定意义。从保护中小投资者利益避免被机构杀戮的角度看，推出后机构用大数据看散户底牌操纵股票就失去了作用。因为，散户不管买错了还是买对了当日都可卖出。当下，由于还不是 T+0 交易，你无法用自己手中的股票做"T+0"。同时，在下跌趋势中慎抢反弹，因你一抢反弹就可能被套。多数散户在股市害怕浪费每一次赚钱的机会，所以总是持股仓位很重甚至是满仓，但是股市每年只有不到十分之二的时间是上涨的，剩下的十分之八不是盘整就是下跌，仓位重了，市值缩水非常快。

◆ 第二，散户作为股市食物链的最末端，要把风控放在首位。任何时候都不要去加杠杆炒股

股市是高风险高收益的投资场所。可以说，股市中风险无处不在、无时不在，而且也没有任何方法可以完全回避。作为散户，应时刻具有风险意识，并尽可能地将风险降至最低程度，而买入股票时机的把握是控制风险的第一步，也是很重要的一步。在买入股票时，除考虑大盘的趋势外，还应重点分析所要买入的股票是上升空间大还是下跌空间大、上档的阻力位与下档的支撑位在哪里、买进的理由是什么、买入后假如不涨反跌怎么办，等等。在买入股票时对以上各个点都应有个清醒的认识，就可以尽可能地将风险

降低。

◆ 第三，坚持中长线投资优质高成长股

中长线投资是在股票市场中的一种择股投资方法，最重要的是要选对有投资价值的好股。这类股票一定要是行业前景高远的创新技术高成长公司，一定要是朝阳的新兴产业，而且在可以预见的未来10年内都不会落伍，同时也是还被没炒高或被低估的优质公司。

那些翻番大牛股是怎样炼成的

2019年有超过1500只个股跑赢大盘；2813只个股股价变动为正值，占比为75%；249只股票翻倍。这些牛股有的是高成长所造，更多的却是概念炒作炼成的。这些最牛股，所属的领域均为2019年的热门板块："ETC""国产替代""5G""猪肉股"等各种热门概念大展拳脚。

从行业分布上看，2019年科技股是最大"赢家"，电子、计算机、通信行业成为牛股集中营。疯狂的猪肉涨价潮推动了农林牧渔行业的崛起，以猪、鸡养殖为主业的个股也跻身牛股榜前。那么，那些翻番大牛股是怎样炼成的呢？

◆ 第一，ETC歪打正着

具体从个股表现来看，2019年涨幅牛股冠军花落笔者进行低位分析时所举的例子万集科技，年涨幅高达486%，凭借年内掀起的ETC推销热潮，万集科技迎来高光时刻。市场上掀起的ETC推广狂潮，带动ETC企业业绩暴涨，市占率稳居前三的万集科技，其业绩涨幅丝毫不逊于股价涨幅。2019年前三季度，万集科技共实现收入11.29亿元，同比增长183%，归母净利润1.29亿元，同比增长906%。

◆ 第二，"国产替代"浑水摸鱼

在 A 股市场的另一面，能够与 ETC 概念相抗衡的就只有"国产替代"了。

2019 年，国内电子信息产业链受重视程度增加，再加上 5G 商用加速的催化，2019 年成为科技股爆发的元年。

模拟芯片龙头圣邦股份，因 72 亿元收购北京矽成（简称 ISSI）尘埃落定的北京君正，以及完成安世半导体并表的闻泰科技，年内股价上涨分别达到 389%、380%、378%。而支撑上述企业股价大涨的基本逻辑，均是基于国内半导体产业实现国产替代的念想。事实上，部分存在国产替代空间的半导体企业，尚有一定程度的业绩兑现，而另一颇受市场关注的"国产替代"细分领域——操作系统，早已成为疯狂炒作区。

◆ 第三，华为 5G 概念一飞冲天

自华为宣布将自研操作系统之后，原本属于资本市场"小儿科"的诚迈科技，一飞冲天，2019 年涨幅突破 477%，仅次于万集科技，将其余科技股甩出"几条街""迈上几个坎"。但该股的基本面和成长情况，却"平淡无奇"，完全是资金炒作造成的。

公开资料显示，诚迈科技成立于 2013 年，主要从事移动智能终端产业链的软件外包服务，主营业务为软件技术服务及解决方案研发与销售。

但自从 2017 年登陆资本市场后，诚迈科技的业绩表现却并非平平。据 2019 年第三季度财报显示，2019 年前三季度，诚迈科技实现营收 4.65 亿元，同比增长 22%；归属净利润 570 万元，同比下降 41.93%。但自 2019 年 8 月 9 日，华为开发者大会上鸿蒙 OS 正式亮相后，诚迈科技一度被市场认为参与华为操作系统的研发，股价一骑绝尘。

◆ 第四，莫名其妙的题材

继万集科技、诚迈科技之后，占据 2019 年牛股"探花"之位的，是

一个看似"要业绩没业绩""要成长没成长"的纺织服装类上市公司——中潜股份。

公开资料显示,中潜股份公司是生产海洋潜水装备的公司。2016年至2018年,公司营收增速均不及5%,扣非后的归母净利润连续三年下滑。2019年前三季度,中潜股份前三季度净利润为2062.43万元,同比增长仅0.20%。其实,在中潜股份股价大肆增长的背后,有一整套接力炒作套路。中潜股份先是在2019年7月宣布以1元的价格收购一家没有经营业绩的空壳公司——北海慧玉,转型网络科技领域,后又在2019年9月1日发布一则首期期权计划溢价达26.68%的股票期权激励计划草案。左看右看,中潜股份除了炒作还是炒作。

年年岁岁花相似，岁岁年年"庄"不同

高价庄股，如同证券市场美丽的罂粟花，开得十分诱人，其股价灿烂无比，高得出奇，但是只能看，不能摸，一摸就会终身遗憾。

我们先来看看高价庄股的典型：

2020年1月14日开盘，万集科技集合竞价阶段涨停，多数资金将股价预期打上了涨停板。不过在开盘后，万集科技的股价迅速下挫，不到半个小时，就上演了一幕闪崩大跳水的剧情，股价一度触及跌停。截至收盘，万集科技报收100.47元，股价收在跌停板上，成交额10.51亿元。

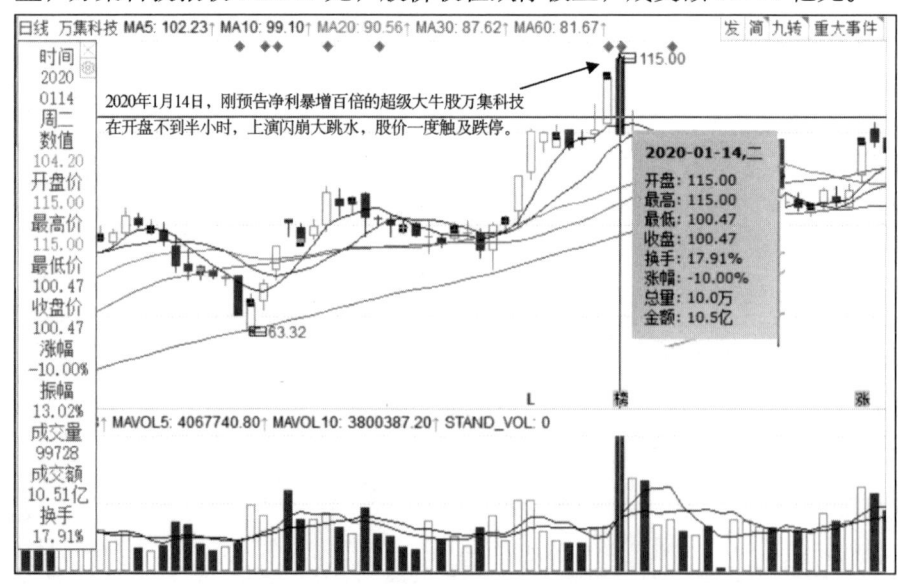

高价庄股上演闪崩大跳水——万集科技

我们再来看看高价庄股的特征：

◆ **第一，近两年大幅炒作，翻了一番乃至数番**

股价高至 100 元以上。万万没想到，年报净利最高预增 138 倍的"股王"万集科技竟然闪崩跌停了！庄家出货后便开始了下跌之旅。

◆ **第二，筹码高度集中，成交稀少，异常抗跌**

但成交每天只有几千手，庄家完全控盘。2019 年涨幅近 5 倍的万集科技更是以净利预增超 110 倍至 138 倍的惊人成绩刷屏。就在大家还在猜测万集科技会有几个板时，市场却还以颜色（由红变绿）。2020 年 1 月 14 日开盘，万集科技集合竞价阶段涨停，多数资金将股价预期推上了涨停板。不过在开盘后，万集科技的股价迅速下跌，不到半个小时，就上演了一幕闪崩大跳水的剧情，股价一度触及跌停。截至收盘，万集科技报收 100.47 元，股价收在跌停板上，成交额 10.51 亿元，换手率高达 21%。万集科技上演的天地板大片，也让追高的散户大跌眼镜。

◆ **第三，大多做过整容手术，改了一个好听的名字和诱人的题材**

莎士比亚说："无瑕的名字是纯粹的珍珠。"名字，作为一种符号，原本无所谓美与丑，好与坏。叫阿呆的未必就不能成为伟人；叫伟业的未必就不会堕落成囚犯。公司名字亦然，叫冰熊的未必就沦为熊股；叫金牛的也未见得成为牛股。但万集科技集万千宠爱于一身，据公开资料显示，万集科技是一家从事智能交通系统技术研发、产品制造的高新技术企业，该公司在 2016 年 10 月上市，2018 年实现净利润仅 657.64 万元。不过在 2019 年，万集科技受益于国家撤销高速公路省界收费站相关行业政策驱动，ETC 相关产品出货量较上年同期大幅增长。截至 2019 年年底，ETC 电子标签发行基本完成年初部署的任务，公司业绩在 2019 年爆发。

万集科技在业绩预告中表示，公司当前产品的销售面对交通管理部门、道路运营公司、ETC 运营单位、系统集成商，同时也面向银行、移动运营商、移动互联网公司等 ETC 合作方，未来客户群体还将变得更加多元化。

万集科技如此惊人的增长业绩远远超出市场预期。曾有机构预测，万集科技 2019 年净利润有望达到 4.5 亿元，同比增长 67.4 倍。而根据业绩预报，万集科技的净利润高出预期 1 倍多。

在市场积极看好下，2019 年万集科技的股价表现也令人惊艳。万集科技是 2019 年 A 股涨幅榜冠军，累计涨幅 486%，堪称 2019 年度 A 股超级牛股。截至 2020 年 1 月 13 日收盘，万集科技股价报收 111 元，创下公司上市以来的新高。照这样发展下去，恐怕沪深股市不叫科技的公司真要成为莎翁所言的"纯粹的珍珠"了。

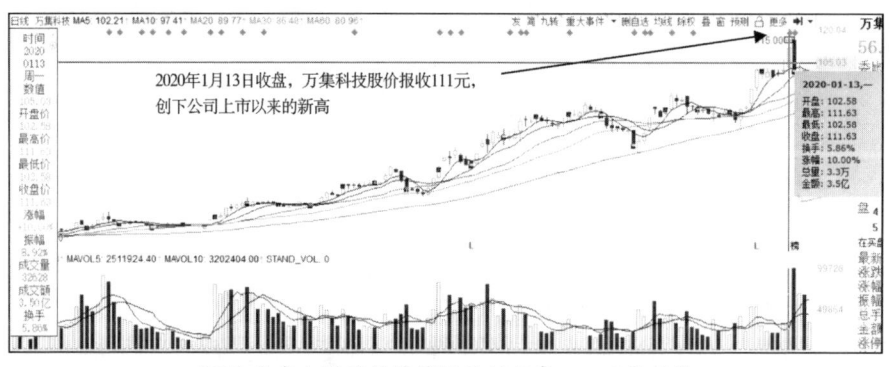

2019 年度 A 股涨幅榜冠军再创新高——万集科技

我们再来看坐庄模式：

庄家利用资金、信息和筹码的优势，通过打压、锁仓、拉抬三部曲，快速翻番，然后利用业绩暴增的利好，采用对倒、操纵等手法，制造虚假的成交量，诱骗散户去高位追捧而功成身退。从资金流向看，在股价不断创出新高的时候，主力资金却在一边拉高一边出货，其中的套路十分明显。据万集科技资金流向信息显示，2020 年 1 月 14 日前 5 日主力资金有

2天显示净流出，分别净流出达到1850万元和1791万元。

在继万集科技后，占据2019年牛股"探花"之位的，是一个看似"要业绩没业绩"，"要成长没成长"的纺织服装类上市公司：中潜股份。

无可奈何"庄"落去，随着新《证券法》开始实施，必将晒裂庄股得以生存的土壤。高价庄股，这证券市场美丽的罂粟花也即将凋谢，广大投资者一定要擦亮眼睛，不要被高价和美丽的外表所诱惑，远离罂粟，你才能免受其伤害！

辩证地看黄金的避险功能

全球股市受新型冠状肺炎影响动荡不已，黄金却格外抢眼。黄金是一种稀有金属，是世界流通的硬通货。当一种货币贬值时用它可以起到保值增值的作用，黄金长久以来一直是用来抵御通胀的工具。黄金之所以可以避险，关键在于它是一种独立的稀缺资源，不受限于任何国家或贸易市场。

因此，投资黄金通常可以帮助投资者避免可能发生的很多问题，而且，黄金投资也是世界上税务负担最轻的投资项目。黄金投资意味着投资于金条、金币甚至金饰品，投资市场中存在着众多不同种类的黄金品种。那么，是不是黄金就真能抵御通胀呢？这也要辩证分析。当然，对于全面的恶性通胀，黄金的确是最佳的避险工具。但是，当前我们除了猪肉、水果、蔬菜等有所上涨外，并没有恶性通胀的迹象。我们从黄金避险和抗通胀的历史经验来看，黄金号称避险王，但抗通胀初期的黄金并非安全的投资品。黄金在避险和抗通胀的同时能带来让人眩晕的收益，就像过去的黄金牛市和20世纪70年代末那样。黄金避险和抗通胀效果显著，但70年代的暴涨后面紧跟的是狂跌，实际价格被腰斩。1980—2000年的20年间，它陷入了熊市格局不能自拔。

股神巴菲特在2009年的一次专访中谈道：从现在直到将来，黄金对你什么用也没有，只不过你看着它，它看着你罢了，就像是一只不会下蛋的母鸡，只会坐在那里，还要不停地吃东西，黄金需要保险费用、保管费用，等等。什么意思呢？也就是说黄金从被挖出，到放入金库储存起来，然后就是派人保护，既不会像公司一样创造利润，也不会像存款一样产生利息。那为什么还是有那么多人买呢，他说他想破头也想不明白，在他看来炒黄金就是博傻，投资者只能期待一个更傻的人花更高的价钱买下它。

巴菲特曾在《巴菲特致股东信》中谈道：恐惧第二类资产尤其是纸币会大幅贬值的投资者来说，黄金是他们最为喜爱的投资。（纸币的真实价值正如我们前面所说购买力长期会大幅下降，他们的恐惧是正确的。）不过，黄金有两个明显的缺点：一是没有太多用途，二是没有生产繁殖能力。的确，黄金有一些工业和装饰用途，但这些用途的黄金需求量是有限的，也没有能力消化新增的黄金产量。同时，如果投资者持有 1 盎司黄金，不管你持有多少年，最终的结果还是只有这 1 盎司黄金。所以我们对黄金的避险功能还要辩证地看，千万别去盲目地追高。

"避空、求短、怕高、挖低"才能打好一手孬牌

股市里的成功者各有各的手段,但共性只有一个,那就是:赢家不在于凭运气抓了一副好牌,而在于抓了一副孬牌而能把它打好,中小散户在当前弱市进行操作时,就要掌握"避空""求短""怕高""挖低"这四招。

◆ 第一,避空

所谓"避空",就是指回避利空个股。此类个股往往意味"回天无力"的大级别调整,后市下行空间难测。比如,深交所对常山药业及相关当事人启动违规处分程序:

河北常山生化药业股份有限公司于2018年5月15日晚披露全资子公司获得药品GMP证书的公告,称公司枸橼酸西地那非片剂可以正式投产并上市销售。据统计该产品适应的国内患者人数约1.4亿人,未来中国潜在市场规模有望达到百亿元级别。常山药业股票5月16日和5月17日分别上涨10%和9.6%,公司高管高树华、丁建文、黄国盛于5月17日减持了所持公司大量股票。

深交所向公司发出问询函,要求公司说明数据来源和准确性,并充分提示公司产品面临的市场风险。公司刊登补充公告,称该数据系工作人员通过网络检索并节选自部分券商研究报告的表述,未对数据来源、计算方法和准确性进行核实。常山药业信息披露涉嫌违反《创业板股票上市规

则》的相关规定，高树华、丁建文、黄国盛在公司披露对常山药业股票价格产生较大影响的重大事件后的两个交易日内减持，涉嫌违反《创业板上市公司规范运作指引》的相关规定。深交所已对公司及相关当事人启动违规处分程序。问询后该股跌停，中小投资者对此类股票应坚决回避。

◆ 第二，求短

所谓"求短"，是指在中国经济稳定增长的大背景下，因周边股市波动大和内地大非减持等不确定因素增多，短线、波段就成为操作首选。降低收益预期，在暴跌时买股，在暴涨时卖股，切忌追涨杀跌。同时还要避免高价大比例增发的个股。此类个股因公司缺乏诚信恶意圈钱，漠视公众投资者的知情权，势必影响今后公司的经营业务。倘圈钱成功，也会摊薄每股业绩，投资者必定选择用脚投票。失信于民的公司，圈钱再多也不会给投资者回报，股价长期走熊不可逆转，中小散户应逢反弹果断出局。

◆ 第三，怕高

所谓"怕高"，是指卖出或坚决不碰高价庄股。原因是高价股庄家获利丰厚，因接盘者甚少，用少量资金自拉自唱，引诱散户去接盘。从盘口观察，机构正迫不及待地从高价股上进行战略撤退，一旦趋势出现拐点，就会由牛转熊跌幅巨大。宁可错过100匹白马，不可错买1匹白熊。因为白熊是熊中最凶狠、最伤人的。据最前沿的调查数据显示，当前亏损最惨烈的，大多是在高位追高买入高价白马股的"攀高族"。

◆ 第四，挖低

所谓"挖低"，则是指在低价股里挖金矿。古语道"寒门出秀才，贫贱思富贵"，多年熊股熬成牛。比如：我们在2019年初分析的低位4元股北信源，在3月8日最高涨到了7元以上，上涨了50%还多。

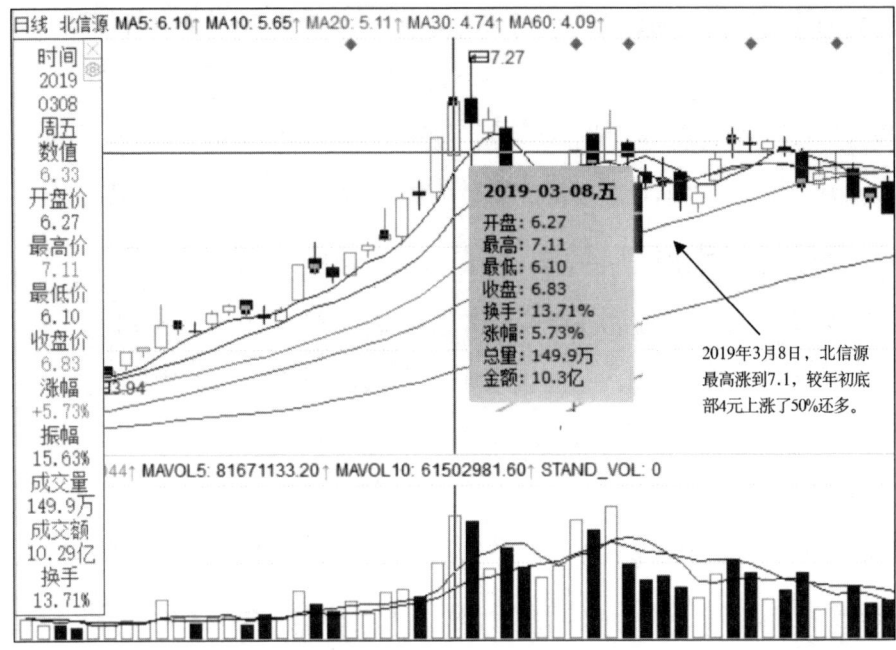

低价股里挖金矿——北信源

从心理学角度，分析支撑位及阻力位

支撑了沪指长达一年多，被称为"婴儿底"的2638点重要支撑位在2018年9月被跌破后，开始了加速下跌寻求新的支撑位。我们先来了解一下什么是支撑位及阻力位。

支撑和阻力的转换

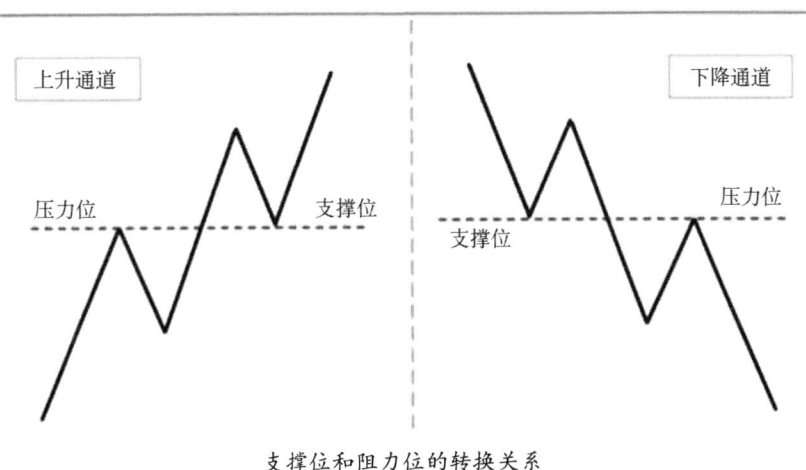

支撑位和阻力位的转换关系

◆ 支撑位

支撑位，即价格在下跌的过程中遇到一些阻碍因素，阻止价格继续向下跌，阻碍因素发生作用的位置称为支撑位。

◆ 阻力位

阻力位,又称压力位,价格在上涨的过程中遇到一些阻碍因素,阻止价格继续向上涨,阻碍因素发生作用的位置称为阻力位。价格在遇到阻力位之后可能会停止上涨或向下跌一段时间进行修正,这种下跌称为回调。

支撑位与阻力位指的是一个区域而不是一个点位,支撑位与阻力位之间相互转换。当价格有效涨破阻力位后,该阻力位则成了支撑位;当价格有效跌破支撑位后,该支撑位则成了阻力位。

◆ 支撑位和阻力位形成的原因

它们形成的原因并不复杂。简单来讲,当股价在一个价格区域波动时间越久,表明在这个区域买进的投资人越多,大多数投资者不愿卖了而选择买进,就形成了支撑位。而当股价跌破这一支撑位,买进的投资者抢反弹屡买屡套,随着次数的增多,侥幸心理减少,当股价重新回到该区域时,大多数投资者会选择卖出解套,减少损失,在这个区域也就形成了阻力位。

从心理学的角度来讲,当股价上涨至一个高点回落之后,若股价再次上涨,很多投资人就会开始猜测这波行情的拐点,当价格接近前期高点时,为了求稳,便会抛出所持股票,前高也就成了阻力位。

股价在下跌过程中,投资人往往不知何处是底,很多投资者会后悔上一波最低点没进。因此,当股价跌回这一价位时便会急切买进,而高位建仓的投资人亏损逐渐加大产生惜售心理,很容易造成股价的回升,也就形成了支撑。

这是买卖心理造成的,支撑位和阻力位可以从投资心理学角度去分析。所谓投资心理学,比如,我们常说的从众心理、羊群效应等都是在投资心理学的范畴之内。研究投资心理学,最为深透的还应该首推芒格先生在《误判心理学》中所论述的25种人类投资,他认为股市的涨跌其实就是市场心理的相互博弈。

我们从心理学角度分析支撑位及阻力位不难发现，当价格上涨的时候，那些空仓没有买入的人会产生后悔与沮丧心理，并期待市场再给他们一次机会。所以当价格突破某一区域阻力，再回到这一区域时，就会有前期空仓的资金入场，使价格得到支撑。阻力位则恰好相反，那些在某一区域没有卖出的人，在股价下跌过程中会产生同样的心理，当价格返回那一区域时，他们会急切地卖出，使得这一区域成为阻力位。

股市是一个人们从众心理、羊群效应非常强的市场。在多头市场（牛市）中，人们的买入心理会占上风，阻力位的意义相对比较弱，而支撑位的意义通常比较强；在空头市场（熊市）中，人们的卖出心理会占上风，支撑位的意义比较弱，而阻力位的意义则比较强。这是一定要牢记的！

为什么说支撑位及阻力位是人们心理的相互博弈而形成的呢？比如：2638点之前大家都认为这是一个不可能跌破的强支撑位，现在居然被跌破了，且形成了一个放量的巨大向下跳空的缺口。大家对下一个支撑位在哪里就没有底了，这时支撑位就成了阻力位。除非突发特大利好，同样形成一个放量的巨大向上跳空的缺口而收复2638点，我们称之为向上岛型反转，这个阻力位才会被彻底打破而转化成新的支撑位。

独家破译股市中的成功密码

股市中的每一条经典名言都暗藏着前人成功的密码,如何破译这些密码?关乎你炒股的成功与失败。

◆ 第一,大跌之后不看跌,暴跌之后不杀跌

破译:大跌就像临界点一样,那就是很多股评人士常说的黎明前的黑暗,是即将发生本质变化的一刻。这时利空消息满天飞,像道家的飞升成仙一样。不过这是很多人梦寐以求的最低点,但是这个最低点是很少有人能抓到的,因为这一点往往伴随着暴跌而来,但暴跌中很少有人敢出手。

◆ 第二,温柔的阴跌是最熬人的陷阱

破译:阴跌是股市中最难熬的。眼瞅着一个重要支撑位破了,又被机构拉了回来,这个阶段是最磨人的。让你买一次亏一次,但你一割肉它就开始涨了。

◆ 第三,有波浪就有机会

弱势中也有强势股,跌市中也有能涨的股票。因此,无论大势涨跌,有波浪就有机会,抓住牛股就能战胜熊市。

破译:我们基本不关心大盘指数,只研究当前最热门的股票。最强的风口,你买当前最强的股票都赚不到钱,在其他股票中能赚到钱?这就是很多投资者亏钱的原因。这话不是我说的,是证券投资大师——杰西·利

弗莫尔说的。即使在回调市场中，我们分析的大牛股，都逆市上涨创出了新高，收益颇丰！

◆ 第四，别等最高价才卖出，别等最低价才买进

破译：在股价下跌的过程中，投资者往往一路看跌，但是股市的下跌绝非永无止境。如等到股市下跌到最低点才买进，从概率上看几乎是不可能的。所以，投资者应从长远价值考虑适时买进，耐心等待。同样的，我们也别想着在最高点卖出。

◆ 第五，顺势而为

关于交易的真谛，最简单的一句格言就是——顺势而为。如果它是涨势，回落时就应买入；如果它是跌势，那么在它反弹时就应卖出。

破译：顺应趋势，只买上升趋势中的个股，因为这些个股之所以能逆市上升就是有资金的关注。没资金关注的股票你必然买一次亏一次。

◆ 第六，下跌是机会

股市下跌就像科罗拉多一月的暴风雪一样平常，如果你有准备，它并不能伤害你。下跌正是好机会，可以去捡那些慌忙逃离风暴的投资者丢下的廉价货。

破译：机会是跌出来的，风险是涨出来的。由于连续大幅下挫，RSI指标快速下行，但此时指数并未止跌，略微反弹后继续下跌一般会击溃众人心目中最后的防线，创出新低。而此时RSI指标不再同步创出新低，出现明显的底背驰，这表明杀跌动能耗尽，短期底部即将确立，是捡廉价货的时候了。

◆ 第七，不要去猜底部，更不要频繁地去抄底

破译：不要在下跌中把精力放在对底部的一次次猜测上，应该把精力放在对风险的控制上。你不断地猜，当然最终会有一次猜对，但是有限的

资金却经不起无数次的"抄底"。

◆ 第八，跌市中的反弹司空见惯，切莫把反弹当成反转

破译：反弹和反转是有规律的，成交量会告诉你。一轮下跌行情往往伴随着巨大的成交量和各种各样的不利消息，一般要经过两到三次放量大幅下跌，才会形成底部。其成交量特征为：价涨量缩——价跌量增——价涨量缩——价跌量增——价跌量缩——价稳量缩。大盘价稳量缩，领跌个股下跌动能衰竭，利空因素基本明朗，利好传闻隐隐出现，强势板块开始放量走强，大盘放量逼空上行，人气恢复，反弹逐步演变成了反转。

◆ 第九，股市波动每每受季节性的影响

破译：比如，2019年春节后大盘走出了一轮波澜壮阔的行情，沪指从2440点一气呵成上升到3288点，而在5月跌到了2838点，8月又跌到了2733点。每年年底机构要做市值，几乎毫无意外地有一波"吃饭行情"。

◆ 第十，打破惯性思维

惯性思维常常使投资者涨时看涨，跌时看跌，在操作上涨的时候不愿卖，跌的时候不愿买，这是大多数散户投资者的共同特征。

破译：炒股应打破惯性思维，做逆向思维，每当市场中充满了"后市下跌空间不大"之类的话时，往往预示股市还将要下跌；每当市场中充满了"熊市不言底"之类的话时，往往是多数人不敢测底、言底和抄底的时候，而这恰恰说明真正的底部已经为时不远了。

对跑步入市的新股民的几点忠告

2019年以来,的确不同以往。可以说牛市才露尖尖角。于是乎,多年未见的新股民跑步入市的盛况"牛景再现"。

根据2019年深交所前三个月的开户数据显示:月新增开户数299万,环比增长109%。这只是深交所的数据,上交所及科创板开户数应该比深交所多很多。更为重要的是,大约有1000万户休眠账户"苏醒"。1000万休眠账户的苏醒,意味着长达几年的僵尸户开始参与到市场的炒作中来,而随着行情进一步的发展,更多的僵尸户会复苏。因此,市场人气已经被激活。后期还会有更多的资金进入股市中,所以后期的资金应该没有什么问题。只不过从短线看,经历了持续大涨之后,需要注意不要追涨幅已经过大的个股。

作为第一代老股民,笔者有必要对跑步入市的新股民提出以下几点忠告:

◆ 第一,新股民入市要有平常心,不要希望一夜暴富

古语道:"取法乎上,仅得为中;取法于中,故为其下。"意思就是说:假如你把目标定得很高,最终只能得到中等的;而当你把目标定得一般,很容易完成,最后有可能只能达到低等水平。新股民往往把盈利目标定得太高,一年想翻几番,这是不现实的也是危险的。贪,会让你适得其反,盈利会大打折扣,甚至亏损。所以,新股民要有一颗平常心,每年平均收

益赚 30% 足矣，想想还有哪个行业和理财产品有比这更高的收益？这便是炒股者赢得最大财富的一个很重要的因素。在投资过程中，保持平常心，才能让你更好地防范风险。小富即安非常适合新股民。

◆ 第二，要把风险意识放在首位

股市中荆棘密布、障碍重重，陷阱难防，地雷多多，新股民由于没有经验，踩雷频率必然比胆小谨慎的老股民高，所以选股要选业绩好高成长舍得分红的好公司，凡忽悠小股东，只圈钱不分红的公司，多半会让你钱包干瘪。"诚"和"信"是紧密相连的，没有"诚"就建立不了"信"，没有"信"一切都是镜花水月，竹篮打水。你有可能一入市就逮住了像我们公开分析的美锦能源那样的翻番的黑马，这时就有可能因此而沾沾自喜，以为自己比巴菲特还巴菲特了。凭感觉买股票，到头来会先赢后输，这样的先例比牛毛还多。另外，必须记住永远别拿别人的钱炒股，即使是融资融券大面积推广的时候，也不要心动，用别人的钱可能会让你赚钱，但借贷炒股也可能要了你的命。

◆ 第三，要有"劳其筋骨，饿其体肤"的心理承受能力

孟子曰：天将降大任于斯人也，必先苦其心志，劳其筋骨，饿其体肤，空乏其身，行拂乱其所为，所以动心忍性，曾益其所不能……这是笔者认为最经典的一段励志名言。炒股者很苦，苦到几年大熊市时：痛其心志，断其筋骨，饿其体肤，苦于套牢。股市如战场，瞬息万变，刻不容缓，再苦再痛也要顶住。新股民一旦上了炒股的战车，就会被战车拖入雷阵。苦，有时会成为成功的催化剂。挺住，付出总有回报，苦心孤诣，用心良苦，穷且弥坚，锲而不舍，才能最终胜出！

要甄别区块链技术的真伪

我们先用最通俗的语言，简单介绍一下什么是区块链。

简单地说，它是一种数据库技术。区块链本质上是一个去中心化的分布式账本数据库，其本身是一串使用密码学相关联所产生的数据块。互联网是把所有的电脑连接起来，实现互相通信；云计算是把很多计算机的算力用互联网连接起来，进行分布式计算；大数据则是把数据用互联网连接起来；而区块链，则是把很多电脑的数据库，用互联网连接起来。这么一类比，就比较容易理解了。

一个区块，是指数据库中的一个最小单位。区块链有两个关键点：一是去中心化，二是分布式记账。

◆ 什么是去中心化呢

用最简单的一个例子来说明：大家肯定都有网上购物的经历，卖家与买家交易，是通过第三方支付平台支付宝来进行交易的。这样做的原因，是需要有第三方担保，有了第三方的担保才可以保障双方的利益，不然双方直接交易，买家钱给了，卖家不发货怎么办？卖家发货了，买家不给钱怎么办？这样的一个交易过程，就是去中心化交易，需要第三方支付来对交易进行保障。

◆ 什么是分布式记账呢

区块链技术就是利用某种双方都认可的东西来代替支付宝,于是最底层的应用就产生了,比如比特币,双方都认可,那么就直接用比特币进行交易。可以这么说:比特币是区块链的一种应用,但区块链并不是比特币。数字代币(比特币或者其他币)只是区块链技术的一种底层体现。刚才说了,用一种大家都认可的东西进行交易,那就是比特币,或者其他什么币都行。

但是,如果你问我,是否看好区块链技术,我的回答是肯定的;如果你问我,是否看好数字代币,我对此不太乐观。我认为,现在很多数字代币最后都只是泡沫而已。在A股,炒作区块链概念并非新鲜事物,自从有比特币后,区块链概念已经炒了好几波,但最后都被打回原形。根据不完

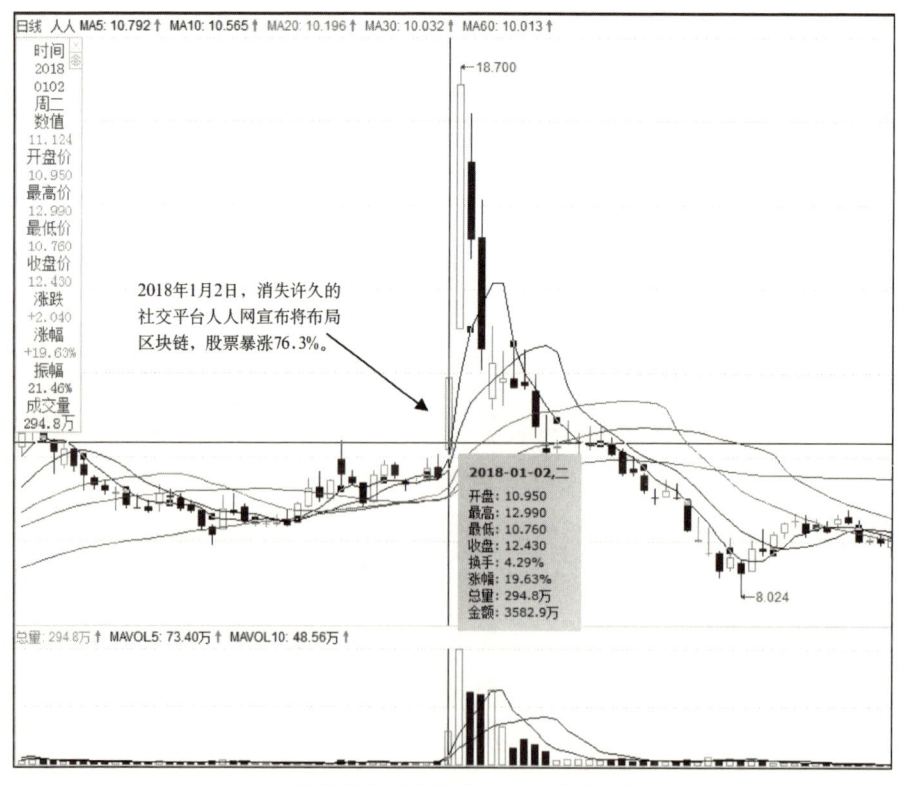

从网宣布布局区块链致人人网股票暴涨

全统计，2019年11月初仅三天已有上百家上市公司通过公告和互动平台表示涉足区块链。如果加上此前在网信办备案的区块链信息服务商，区块链概念股至少超过300家。上市公司中不可能有那么多公司掌握了真正的区块链技术。部分公司为了推高股价而纷纷蹭热点则值得投资者警惕。谷歌云的开发者通过使用ChainLink的oracle智能合约，整合来自区块链外部来源的数据，这是对云技术与区块链技术深度结合的一次探索，谷歌云应用submarine发送数据，实现了交易隐私的保护与安全，而完成这一技术，谷歌花了好几年时间。

马云在2018年的一次演讲中曾说：之前我不知道什么是区块链，但我知道了区块链对数据的安全和隐私保护后，我就非常看好区块链了，公司投入了非常大的人力和财力去研发区块链。所以，炒作区块链概念股，一定要了解这家公司涉足区块链的目的是什么，同时一定要甄别其真伪。

科创板应上市真正的科技创新公司

作为2019年资本市场的头号大事,科创板来了。我们注意到监管层,包括证监会、交易所过去一段时间确实在密集调研符合现有法律、规则的"独角兽"企业,数量上百家,领域主要集中在互联网、智能制造、生物医药、生态环保等四大行业。监管部门在调研的同时也向部分券商投行了解,主要是就辅导期项目中是否存在"四新",即"新技术、新产业、新业态、新模式"企业进行摸底,以掌握相关情况。这个时候,我们就应该把目光放到挖掘"独角兽"公司孵化园的上市公司上,一旦这些公司孵化的"独角兽"公司上市,其收益也是有确定性的。

何谓"独角兽"?传说中,独角兽头上长着一只螺旋角,代表高傲和由高傲产生的难以亲近。那么,"独角兽"企业高傲的资本是什么——是因为初创且前景被广泛看好,更是因为顶着创新性、稀缺性以及对经济可能产生的巨大影响的"独角"。其实,"独角兽"是投资行业,尤其是风险投资业的术语。通俗地讲是指新兴产业中创新能力很强、行业独特的领头羊。过去10年美国约有6000家软件和互联网公司得到了风险投资,进入"独角兽"俱乐部,但成为"独角兽"上市公司的只有十分之一。判断"独角兽"企业有一个最基本的标准,是否拥有独立知识产权的核心技术。我们不能因为一家企业走了绿色通道,就把它定为"独角兽"企业。

我们在2018年底"寻找长牛股"专题中连续写了多篇关于"未来只

有新兴产业才能成为中长线牛股"的分析文章，其中重点分析了四大行业，当时我发表在网上的一篇题为《为什么说人工智能板块会跑出大牛股》的文中分析的个股目前来看都已经实现了翻番。"独角兽"公司未来的产业创新充满了确定性，可以看得见辉煌的未来；同时，你还要买到一个很低的好价格，那你中长期持有就没问题。中长期持有好股票的懒人、笨人比那些天天忙着炒短线的勤快人和聪明人要赚得多得多。

一些鱼龙混杂的"独角兽"题材炒得很猛，这个题材还将持续发酵，我们不主张去盲目追高，接下来我们除了挖掘还在底部的真"独角兽"公司，还应把重点放在已经排队待批的"独角兽"企业，提前潜伏，把握住看得见的赚钱机会。

同时，我们还应把目光聚焦于《政府工作报告》中提及的重点，比如：发展智能产业，拓展智能生活；延长新能源汽车的补贴等。

从人工智能到智能产业，"智能"成为这几年的主题关键词。一些带"智"字的股票纷纷涨停，各路资金也察觉到了报告中的投资路径。

《报告》另一个亮点就是把工业互联网写入报告，从国家成立专门小组，工业互联网已经炒了一把，我们还要注意报告表述，工业互联网被放在制造强国第一条里，其重要性可见一斑，未来更多涉及工业互联网的上市公司会被逐渐挖掘。

总之，我们可以梳理一下，报告中提及的其他科技领域还没有启动，下一步市场炒作的热点可能就在其中。接下来，我们也将一一挖掘还在底部的低价真"独角兽"公司龙头股。

拉动内需就要让股市"涨"声响起来

要提振中国经济，无非两大要素：一是改变从紧的货币政策为适当宽松的货币政策；二是拉动内需消费。各自具体表现为：

◆ 第一，定向降准

定向降准打响了第一枪，已经出台的定向降准意味着央行的货币政策有宽松的预期。A股的上涨大多是资金推动型的，资金面的宽松给股市的上涨提供弹药充足的预期，货币宽松会扶持或者刺激实体经济，改善人们对未来股市的预期。定向降准有利于缓解小微企业融资难，并推动实体经济的发展。此次定向降准除了针对"三农"和小微企业，还对财务公司、金融租赁公司和汽车金融公司等一并实施，有利于提高企业资金运用效率、扩大消费，同样起到支持实体经济发展的作用。适当宽松的货币政策可以使银行有更多的资金投入经济生活中，而A股涨跌与货币的流动性有很大的相关性，货币多了流入股市的量就会增加，市场上的资金充裕也能带动资金成本下降，上市公司有望减少融资成本。

◆ 第二，股市的恢复性上涨

那么，拉动内需的第二枪是什么呢？我认为那就是股市的恢复性上涨。

首先，股市不涨，消费的中坚群体中等收入家庭资产被冷冻，拉动内需就是一句空话。如果说华盛顿为美国缔造了制度的话，那么，亨利·福特一手缔造了美国的中产阶级就是更大的进步，正是中产阶级造就了美国经济的崛起。改革开放，诞生了中国的中等收入群体。摇篮中的中等收入群体面临着成长的烦恼，股市的颓败使他们营养不良。真实数据揭示，一亿多股民中有很多正是中国新生的中等收入群体代表，他们是城市的中小企业主和白领高薪阶层，手中持有大量现金，有房有车，但不谙理财之道，把资产投入了股市或购买了各类基金。一场股灾让他们体验了从天堂到地狱的梦魇。也就是说，一场股灾，把中国刚刚崛起的中等收入群体全线套牢，彻底冷冻了。

某著名国际投行通过调查测算出，股市700多点的跌幅使投资者损失了相当于年收入70%的财富，降低了城镇居民消费4.6个百分点，被股市"消灭"的城市中等收入群体，是最有消费能力的社会中坚群体。倘若中等收入群体资产被冷冻，不能买车、买房，不能买奢侈日用品，难道靠农民、城市务工者和城市低收入人群的温饱型消费拉动内需？按股灾市值蒸发了20万亿元算，假如这其中有20%能转化为社会的购买力，就能占2018年GDP总量的15%。因而，拉动内需，让中等收入群体被冷冻的资产复活，就必须让股市"涨"声响起来！

其次，我国经济要用扩大内需来突出重围。在非常时期通过更快、更有效的措施来恢复股市的活力，恢复股市的赚钱效应，"增加居民财产性收入"而不是"蒸发居民财产性收入"，把让居民有钱消费作为拉动内需经济的重要手段。

要让股市走出低迷，信心的恢复是重中之重。鲁迅先生说过，如果一个房子里的人要闷死了，你把他叫醒无奈面对这些固然很残忍，但，如果你把所有的人都叫醒，又焉知没有可能把房子打一个洞来透气呢？要叫醒全体股民，恢复市场信心，打通股市压抑已久的"透气的洞"，就必须理顺产业资本和虚拟资本的关系，拿出实质性、根本性解决股权质押、大股东变相减持等问题的方案，建立平准基金，鼓励各类长线资金入市，改变新股发行制度和现有基金无论盈亏都提管理费的弊端。扎扎实实提高上市公司质量，落实再融资必须同分红挂钩的新政，加大对投资者的回报，让股市恢复经济晴雨表功能，走出摆脱外围股市钳制的独立行情。

美股刷新最长牛市纪录的启示

2018年8月23日,标普500指数"牛市"持续天数创下历史最长,成功刷新了20世纪末的纪录,迎来了本轮牛市的第3453天。其后,标普、纳指新高还在不断刷新。

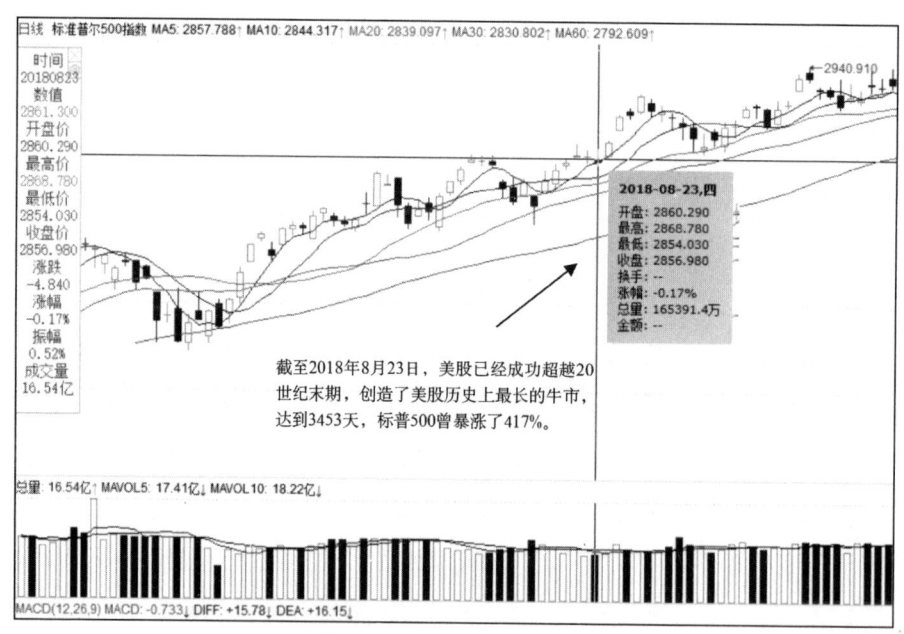

标普500指数"牛市"持续天数创历史最长

下面,我们来简析一下美国股市刷新最长牛市纪录的启示:

◆ **第一，顶层态度决定一国的股市牛熊**

高层态度决定一国的股市牛熊。美国股市这一轮长期牛市主要源于美国民众占领华尔街行动后高层态度转变。由于华尔街的大鳄们占据了美国70%的财富，引起底层民众不满，从而引发了美国民众占领华尔街行动；当时的奥巴马政府为让美国普通股民赚钱使出了三大招：

1. QE3。美联储宣布启动第二轮量化宽松政策，即 QE3。货币政策对股市和经济的影响是直接的，刺激了股市上扬；

2. 为刺激股市走牛，不惜采用"黄金劫"。美联储一声令下"抛售黄金"，黄金应声来了个历史上最大暴跌，从当年最高价 1697.40 美元／盎司跌破 1200 美元／盎司。

3. 加大 401(K) 计划比重，让更多养老资金进入美国股市。从此，美国股市在奥巴马执政期到特朗普执政期步入长期牛市并延续至今。

◆ **第二，长线投资资金支撑长期牛市**

支撑美国股市的长线投资资金最重要的是美国"401(K)"资金逐步扩充入市，开启了美股一轮长达 10 年的大牛市。随着以 401(K) 计划为代表的美国养老金等长期资金持续流入股市，美国资本市场的投资者结构发生了深刻的变化。通过测算 401(K) 计划投资股市的规模以及占美股市值比，可以看到，从 20 世纪 90 年代以来，401(K) 计划持股市值占比持续提升；同一时期，美国的养老金资产规模也大幅提升，这部分长期资金不断流入股市，使得美国股市的投资者结构出现了明显的变化：个人投资者占比持续降低，以共同基金为主的机构投资者规模大幅提升。现在不仅老年人投"401(K)"基金；年轻人也投，从而分享了大牛市的红利。根据美国投资公司协会数据显示，截至 2013 年第二季度，401(K) 计划账户资产余额达到 3.79 万亿美元，相当于美国当年 GDP 的 22.9%。随着后 5 年大牛市的深入，其规模和收入都成倍增长。加之，美国股市是一个开放市场，全世界的热钱都会流向有赚钱效应的价值"凹地"。

◆ 第三，优胜劣汰，美国股市上市数量及退市数量达到了动态平衡

在美国股市频频创新高的背后，却是美国上市公司数量在急剧下降。在过去 15 年里，美国上市公司数量从顶峰时期的 7459 家降至 4000 多家，虽然总市值在扩大，但上市公司的数量却与 20 世纪 70 年代相近。之前，美国上市公司的数量均未超过 5000 家，直到 1981 年首次突破 5000 家大关，共有 5301 家企业上市。到了 1997 年，上市企业最多，达到峰值 7459 家，随后，就一直走下坡路。2001 年时跌至 6056 家，从此，一直在 4000 家左右徘徊，2011 年时又减至 3760 家，2018 年为 3831 家。上市公司 15 年减少了一半，主要源于退市企业多于上市企业。中概股加速退出美国股票市场也属于其中一部分。

美国股市是较为成熟的市场，退市企业数量在合理范围之内，也是企业的自主选择。随着美国市场化机制的完善并不断发挥作用，企业退市与上市一样，都是市场化的常态，无论企业选择退市或上市都是市场资源的最有效配置，优胜劣汰，从而使美国股市上市数量及退市数量达到了动态平衡。

◆ 第四，科技创新股成为长牛市的领头羊

美股此轮创纪录"牛市"的出现与美国经济的升级换代不无关系。此前华尔街金融危机其实也为这一轮美国股市提供了很好的成长土壤，给美国经济结构的调整留出了空间，为新经济推动股市创造了条件。美股这轮大牛市的领头羊都是受业绩支撑或者是成长性良好的高科技公司，比如在美国股市占权重较大，在牛市中涨了 20 倍创下万亿美元市值的苹果等。尽管美股创下了最长牛市的新纪录，但美股的市盈率并不离谱，比如苹果的市盈率才 18 倍左右。

面对股市调整要有一个好的心态

证券投资是一门艺术,是一项系统性工程。成功的投资者最大的优势是其良好的心态。他们能在市场调整时仍保持良好的心态,等待下一个机会的来临。

我们常说:心态好坏决定炒股成败。每一个炒股高手都具有良好的心理素质,能理性地面对挫折和失败。没有好的心理素质,调整时,多数人会极度郁闷,市值缩水使他们情绪低落,失去信心。因而良好的心态就显得很重要了。为什么要调整心态呢?因为不良的情绪对人的财富有巨大的破坏作用。很多股民遇到大阴线,就急得像热锅上的蚂蚁,慌乱中不计成本出逃,本来可以稳一稳,正是因为情绪把握不好,一见大盘尾市拉起又追,结果左右挨耳光。其实遇到调整,冷静点,然后想好调整后会怎样。面对股市调整,你会产生焦虑,从而影响你的正常工作和生活。

除了少数人天生心理素质强些,大部分人的良好心态都是磨炼出来的。"磨炼"这个词就很形象,在一次次的交易、分析中自己不断地和自我辩论、争夺、冲突、说服、克制,慢慢地自我控制能力就加强了。

目前市场调整阵痛难免,股市调整时,多数散户不知所措,偏激的心态会导致你愤怒和恐惧。其实,越是大盘调整,我们越是要养成从容面对调整的好习惯。

好心态和好习惯表现在以下四点:

◆ 第一，如果你有获利，可逢高了结

学会让自己休息，把思维沉浸下来，降低对赚钱的欲望。把市值归零，等待下一个起点。你赚钱的欲望降低了，才不会因随意抢盘中反弹而重新被套。

◆ 第二，如果你高位被套或离上一年套牢价位还远，不要急于杀跌割肉

随着贸易争端硝烟散去，股市还有反弹的机会。调深了回补一点，总有解套机会。

◆ 第三，多问自己为什么亏

没必要嫉妒机构自拉自唱炒科创板的手法。散户由于羡慕别人而始终把自己当成旁观者，这会让自己的心态掉进低谷，比股票下跌更可怕。要相信，只要去做你也可以的。为自己的每一次进步而开心。

◆ 第四，学会调整情绪，尽量往好处想

多总结亏损的教训，不要轻言放弃。如果你保持较低的仓位，有足够的应对资金以及低成本长线投资股作底仓，那么，你就能让市场的所有风险都离你远远的。一杯水，再烫，再难忍，也不要放手，因为你松手的那一刻，你失去的，不只是水，还有那杯子。这说明了一个道理：既然你选择了投资，就不要轻言放弃。然而，投资又偏偏是一个输家游戏。何谓输家游戏，指的就是输赢都不重要；重要的是谁犯的错比对手少，谁就能成为最后的赢家。这就是所谓输家游戏的精髓，炒股比的是谁犯的错少。少犯错，你才能成为股市赢家。有志者自有千计万计，无志者只感千难万难，要输就输给追求，要赢就赢给不放弃。没有人会让你输，除非你不想赢。不求包罗万象，只需该有都有，最悲哀的事情不是你丢失了利润，而是你为了利润丢失了自己。市场唯一不变的就是变。市场在变，如果你不变，就输多赢少。跟着市场走，脚步会越来越轻盈；背着市场走，脚步会

越来越沉重。一买就跌、一卖就涨的故事就会反复在你身上重现。我们说：跟着市场走，就是要把眼光放长远一点，现在看大盘和选个股都要用中线的眼光，不要在乎短期的波动。

调整，是块试金石，让长期投资者继续持有，让短期投机客烫手回吐。调整好心态就是要使人明白：股市绝不是排排坐吃果果捡钱的场所，而是用智慧和胆略进行理性操作的战场。当然，拥有良好的投资心态并不是一两天就可以做得到的事情，而是需要较长时间来克服不良的投资心理，培养好的投资心态。通过学习和实践，不断地积累经验，当经验累积到一定程度之后，由于悟性的作用而得到升华，从而可以以较广阔的投资视野和较好的投资心态面对市场。

牛市中控制好仓位的四个策略

牛市中股市也并非只涨不跌。"慢涨快跌"是牛市特征。因而控制好仓位就非常重要了。这里我来分享一下牛市中控制好仓位的四个策略：

◆ 第一，切忌牛市中天天满仓

牛市中忌天天满仓，而应以股票的合理区域作为基准点进行仓位的管理。高位区域时应低仓位，低位区域时应高仓位，这样可以躲避许多的市场风险。

我个人的经验是牛市中仓位控制原则是介于30%～80%之间，在低位区域时仓位可以加到80%的，高位区域时仓位应降到30%。牛市不言顶，以30%的仓位迎接不可预知的顶部区域完全没有问题。牛市中没必要完全空仓。原因是完全持币就失去了投资回报的机会。总的原则是低位区域时应高仓位，高位区域时应低仓位，这样就能把风控做得非常到位。

◆ 第二，仓位管理的最大目的是保持良好的持股心态

牛市中股市调整是常态，贪婪和恐惧之心时常会出现，如果是满仓持有炒高的股票，一遇跌停心态就很容易失衡。如果手里有一些现金，在调整市中就能变被动为主动，心态就会好很多，适当的仓位做到中线持有就轻松多了。这一点才是仓位管理最重要的作用。

◆ 第三，仓位太重时一定设立止损点

凡是出现巨大亏损的，都是由于入市的时候没有设立止损点。设立了止损点就必须执行。即便是刚买进就套牢，如果发现错了，也应卖出。当股价跌幅达到一定比例时，比如跌幅达到 8%～10% 时即止损，比例大小需要根据市场状况及自身心理承受能力而定。做中长线投资的必须是股价能长期走牛的股票，一旦短期下跌，就必须卖！

◆ 第四，只认一个技术指标，发现不妙立刻开溜

给你 100 个技术指标根本没有用，有时候把一个指标研究透彻了，也就完全把一只股票的走势掌握在心中了，发现行情破了关键的支撑，马上就走。这个技术指标就是 60 日均线，个股跌破 60 日均线，一般意味着一轮中级下跌行情的开始，若股价跌破号称生命线的 120 日半年线，往往意味着该股长期趋势已转弱，此时即使被套，跌穿 60 日均线就应该先把三分之二的仓减少再说。

拼多多给投资者的三大启示

"拼多多"一词这两年非常火,居然上了2019年的春晚,发了10亿红包。

据瑞银2019年年初的一份报告预测:拼多多将成为中国第二大电商平台,3年后GMV将超京东。后来,欧洲金融控股集团瑞银发布报告称,截至2019年年底,拼多多年度GMV为4716亿元,同比增长234%;年度活跃用户为4.18亿,超过京东3.05亿的年度活跃用户,成为中国第二大电商平台。

2019财年报,京东年度GMV为1.67万亿元,同比增长29.5%。据此推算,如果未来3年内拼多多可以维持60%以上的GMV年复合增长率,2021年拼多多GMV将赶超京东。届时,拼多多年活跃用户将达6.28亿。此外,瑞银还预计2023年拼多多用户年平均消费将达3823元,全面超越京东。

从2015年9月上线到上市,拼多多仅用时2年11个月,刷新了中国互联网企业最快上市纪录。

拼多多有如此骄人的业绩,主要依靠低价路线。散户要在股市中生存,无时不在拼多多。股市里买入股票称做多,卖出股票叫做空。由于散户不能做空,只能做多才能赚钱,拼的就是多多。散户如何在当前热点众多行情中拼多多是有讲究的,因为拼不好就把自己拼死了。

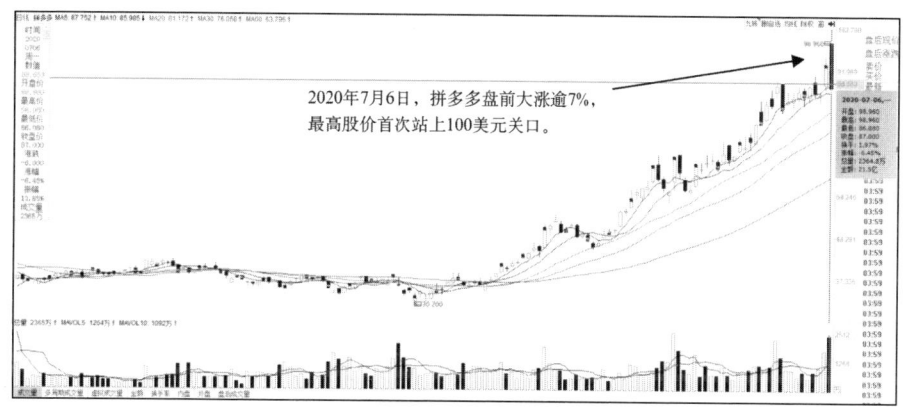

2020年7月,拼多多股市值比年初已翻了2.5倍

拼多多股给投资者投资股票带来的四大启示:

◆ 第一,抓住短线盈利机会

拼多多股是一只行业景气度很高的股票,其股价跌到一个非常夸张的低点,你购买后不管大盘涨跌,都有短线盈利机会。拼多多股的建仓期一般以交易趋势、该股的基本面、技术走势作为买入依据。

◆ 第二,要考虑该股超跌是因为被错杀

拼多多股一般为廉价的超跌错杀股。技术上形成双底或圆弧底,短期均线必须向上,否则不予考虑。在满足了这个先决条件后再考察该股低位振荡筑底期间的成交量分布情况,累计换手率够不够。一般拼多多股底部换手率至少要大一些,同时底部震荡期间要有明显的大资金低位吸筹迹象,缓拉急跌、涨有量跌无量等动作。

◆ 第三,应考察该个股的基本面

拼多多股一定是行业景气度很高的股票,业绩增长在最近几年都不会有问题。如果行业较差,重组的机会就会大大减少。当然,最好是流通盘和总股本也不是很大,同时产品价格明显上涨,而且在一个中线周期都不会回落。

期指做空下的三大纪律

一次又一次的事实证明股指期货是A股下跌帮凶。为什么这么说呢？畸形规则的股指期货放开后，A股下跌就成了常态，原因是股指期货中机构套期保值交易开仓数量不受限，散户开仓只有500手，机构套期保值基本是空单，集中的无限量空单对战散户的500多单，造成机构做空的一致性，给了机构绝佳的做空机会。2019年5月以来几乎每天都是尾市砸盘，这是典型的期指做空手法，因为尾市砸盘下方没有买盘，就更容易引发恐慌性连锁反应。现在有关部门应该查一查谁在做空中国了？

下面我们就针对这次期指做空下的三大纪律，简要分析一下：

◆ 第一，短线交易纪律

短线操作时，如果判断正确，方向做对，应不忘止盈，落袋为安。钱天天都有赚的，反弹中不能使你一口吃成个胖子。尊重市场，敬畏市场，时刻把防风险放在第一位，保本第一，赢利第二。注意轻仓操作，反弹减仓，逢低再吸，总之要把仓位控制好！

◆ 第二，做好功课纪律

所谓做好功课，就是研究上市公司年报。我们指的研究上市公司年报，即要用"放大镜"看年报，不要只看每股收益，要认真看：①每股现金流。这条非常重要，成长型公司现金越充沛，抗风险能力越强。②存货周转率。存货周转越快,库存越少,亏损越低。③每股公积金。公积金越高,大比例分红送股的概率越大。④中远期订单。中远期订单合同越大,说明明年企业开工足,第二年业绩有保障。

◆ 第三,选优质低价科创公司纪律

买股票可不是天天月月可参与的,而是有条件、有纪律的,不可乱操作。严格执行"买入不急,卖出不贪,止损不拖"原则,吃中间,不吃两头。优质低价股的一个类型是技术创新型。这种公司最大的特点就是技术上有所突破,像这种类型的股票,从本质上来讲,它不管在牛市还是熊市,只要它的创新模式能够得到市场认同,能够在它的利润上反映出来,基本上都会在由低向高的股价上得到反映。

弱市中抢反弹的八项注意

弱市中抢不抢反弹？如果你在高位成功逃顶后空仓或仓位很低，在跌破相对低点企稳后，看到遍地都是超跌优质股就有了进场博一把的欲望。但毕竟市场仍是弱市，做反弹有相当大的难度。在股市的下跌过程中，时常会出现乖离率过大的超跌反弹走势，在这种反弹行情下追逐利润，具有一定风险。因此，弱市中抢反弹要注意以下八个方面：

◆ 第一，把握"短、平、快"操作

很多个股经过几轮下跌股价腰斩后，没人愿意卖了，做空能量不足，很小的资金就能推动其上扬，但这种没有成交量基础的个股，其上场的时间也不会太长，上扬的力度也不会大，在反弹之后仍有可能进一步回落。因此，弱市中反弹是在投机资金推动下产生的，在这种情况下，"短、平、快"的操作思路是必须有的。不要恋战，抢反弹时先设好止盈点。

◆ 第二，抢反弹的仓位不宜过重

抢反弹时一定要控制资金的投入比例，一般来说用三分之一的资金就可以了。既不能半仓，更不能满仓。如果仓位重，抱着赌一把的心态去弱市中贸然抢反弹，很容易出现重仓被套的被动局面。即使在强市中也不能用重仓去博一股，这一点一定要牢记。

◆ 第三，前期强势股不宜抢反弹

大盘下跌了几百点，有些个股却高高在上，有的高价股还在几百元

以上，说明大盘下跌时，这些庄家抱团取暖的股根本没法出货，只有自拉自唱等你去接盘，你去抢这类股就正中庄家的下怀。控盘庄股经过长期运作，庄家的成本极为低廉，任何时候只要能卖出，庄家仍有暴利。

◆ 第四，不设止损点不宜抢反弹

弱市抢反弹犹如刀尖上行走，市场趋势运行明显还没走出下降通道。在趋势没有扭转之前，参与反弹行情时应该坚持安全第一、盈利第二的原则。应设好止损点，在亏损 5% 左右时，应坚决止损出局。

◆ 第五，弱势反弹时选择股票很重要

正因为是弱市中的反弹，因此在选择股票时就应把握住这样几个大的原则：首先，业绩大幅增长的优质超跌股为首选。当然，超短线抢反弹时不要太看重业绩，只看超跌的程度，只要没亏就行。抢反弹要选无量空跌股，而不能选择放量下跌股。其次，选盘子不要太大的股。个股因盘子太大，反弹力度也非常弱。抢反弹时应选择中盘股或小盘股、超跌的次新股等，不适合选大盘股。当市场处于熊市阶段时，成交量很小是一个明显的特征，在成交量很小的时候，大盘股是缺乏市场机会的，只有中盘股和小盘股才有机会。毕竟，你想大盘股在反弹中上涨 10%，那指数还不飞起来？故这类股不宜抢反弹。

◆ 第六，问题股不宜抢反弹

问题股在大盘反弹时也会跟随大盘反弹，特别是有些濒临退市的问题股，但往往是昙花一现，快速反弹后，后面还有较大的下跌空间，抢反弹时应先看这只股是不是问题股，看见问题股应绕开走。

◆ 第七，暴雷股不宜抢反弹

由于上市公司商誉减值，暴雷股非常多，这类股在大盘反弹时主力机构为了自救，往往会打开跌停板，有的可能反弹幅度还比较大。但你这时去抢反弹就是去换岗，风险大于收益。我们只有在预期收益远大于风险的

前提下，才适合抢反弹。

◆ 第八，抢反弹需选在低位的技术形态良好股

弱市中抢反弹，笔者更为看重 5 日均线和 10 日均线的作用。在大盘连续下跌的情况下，往往会造成散户恐慌性抛盘，但也有优质股被机构悄悄吸纳。底部形态先于大盘形成。由于弱市中抢反弹面临较大的风险，因此选股的条件较为苛刻，当然苛刻的选股条件会漏掉不少机会，但弱市中保全资金还是最重要的，每增加一个条件，就是为资金上一道保险。所以，弱市能反弹的个股不少，但我们只选底部先于大盘形成的个股。

手把手教你看中报业绩

巴菲特说过:"我并不试图跨过七英尺高的栏杆,我到处找的是我能跨过的一英尺高的栏杆。"这里巴菲特所指的"一英尺高的栏杆"就是要学会看上市公司的财务报表。

随着7月下旬的到来,中报进入密集发布期,一些老牌绩优白马股因中报业绩大幅下滑而出现了股价大幅下跌。同时,一些中报预增或预盈的公司让市场为之振奋,而业绩预告靓丽的公司陆续受到资金的追捧。仔细辨别上市公司业绩增长的含金量,寻找真正值得投资的业绩可持续增长股,是中期报告披露期间投资者获得盈利、规避业绩地雷的重点。

◆ **第一,看净利润**

净利润是一家公司一年的经营成果,它是股息红利的最高限额。净利润高,股民能分得的股息红利就高,所以净利润的增减影响股东的投资回报。但在将净利润用来考证上市公司对股民的回报时,要注意看净利润是如何增加的。确认净利润含金量的方法是,用现金流量表里的"经营现金流净额"除以利润表里的"净利润",这个比值越大越好,持续大于1是优秀企业的重要特征,它代表企业净利润全部或大部分变成了真实的现金,回到了公司账上。同时,在上市公司的利润增加时,如果其净资产收益率没有提高,就说明是由于加大了投入而引起的利润扩张;如果在净利润增加的同时净资产收益率也有所提高,就说明公司的经营能力增强了,其对股东的回报也实实在在地提高了。

◆ 第二，看业绩增长中股权投资收益有没有水分

从目前来看，2019年的中报存在不少水分，非经常性收益和股权投资收益充斥其中，这就带来不少业绩虚增问题，也容易迷惑大部分投资者。上市公司及其相互之间的股权投资收益对于提升公司业绩的贡献较大。20世纪日本股市的泡沫破灭过程中，也曾出现过类似的情况，由于上市公司之间的相互股权投资，导致上市公司投资收益不断增长，反过来又推动上市公司股价上涨，再次推动投资收益上涨。但是我们应该看到，这种收益是建立在股市上涨而并非上市公司经营状况不断好转上的，是没有坚实基础的。一旦股价下跌，将会带来一系列雪崩般的连锁反应。当然，非经常性收益也是难以持续的。

◆ 第三，看现金流是否充沛

现金流从某种意义上比收入和净利润更重要，也更真实。净利润人为调控比较容易，但现金流大大增加了粉饰业绩的难度。投资者在关注利润表的同时，也应关注现金流量表，如果公司期末的现金流量为负，那么这家公司就往往处于现金短缺状态。打个比方，现金流是企业血液，现金流量表全面反映企业造血能力。现金流枯竭，就意味着这家企业血管堵塞了。

◆ 第四，看行业景气度

比如在影视股陆续发布2019年半年报预告的那段时间里，在16家已公布上半年预告的影视股中，有14家企业预亏，1家扭亏，1家略增，影视股的业绩表现令人忧心。细看之下，影视股业绩下滑与行业景气度密切相关。在16家发布中报预告的影视企业中，有13家净利润同比下跌，占比达到81.25%，其中有7家跌幅超过100%。具体看，ST中南跌幅最大，中报预告净利润收入为-1.3亿元，同比预降440%；其次为北京文化，净

利润同比预降253.7%；华谊兄弟预告期内归属上市公司股东的净利润亏损近3.3亿元，同比预降218.9%。唐德影视、当代东方、华策影视净利润同比分别预降186%、154.4%、120.7%。影视股"遇冷"与行业政策与市场环境脱不了关系。自天价片酬与偷税漏税事件发酵后，影视行业迎来了"严监管"时代。电影观影人数及票房下滑，使得院线股业绩也颇为难看。如幸福蓝海预计2019年上半年净利润为0万元~1000万元，同比下降88.42%~100%，影视公司北京文化公司2019年预亏24.5亿，仅商誉减值就高达13亿。其在公告中提到，受全国电影票房下滑影响，公司自营影院票房收入有所下降。投资者应尽量避开这类景气度差的行业。

如何从三季报里淘金牛股

公司三季报业绩预告为投资者选择投资标的提供了一定的参考价值，尤其是业绩增速较高的个股更易受到市场的关注。我们除了看净利润同比高增长这一指标外，还应看经营性现金流这一指标。现金流是指企业在一定会计期间按照现金收付实现制，通过一定经济活动（包括经营活动、投资活动、筹资活动和非经常性项目）而产生的现金流入、现金流出及其总量情况的总称，即企业一定时期的现金和现金等价物的流入和流出的数量。例如：销售商品、提供劳务、出售固定资产、收回投资、借入资金等，形成企业的现金流入；购买商品、接受劳务、购建固定资产、现金投资、偿还债务等，形成企业的现金流出。衡量企业经营状况是否良好，是否有足够的现金偿还债务、资产的变现能力等，现金流量是非常重要的指标。打个通俗的比方，如果说净利润是上市公司的"面子"，那么经营性现金流就是上市公司的"里子"。通常而言，现金流量的计算不涉及权责发生制，会计几乎造不了假，若硬要造假也容易被发现。比如虚假的合同能签出利润，但签不出现金流量。有些上市公司在以关联交易操作利润时，往往也会在现金流量方面暴露有利润而没有现金流入的情况，所以利用每股经营活动现金流量净额去分析公司的获利能力，比根据每股盈利分析更加客观，有其特有的准确性。可以说，现金流量表就是企业获利能力的质量指标。

为什么每股现金流不用经营、投资和融资三项现金流的余额总和，而只用经营性现金流？原因是这个指标是用来验证同期每股收益（EPS）的质量如何，本质上仍是一个盈利指标。

如果 EPS 远高于每股现金流，说明公司当期销售形成的利润多为账面利润，没有在当期为公司带来真金白银的现金，即利润或 EPS 的质量很差，严重点说是虚假繁荣。导致这一现象的主要原因一是公司销售回款速度慢，卖出货后没收回钱，你去查资产负债表里的应收账款，必定期末较期初数有大幅上涨；二是存货出现积压，大量采购来的原材料尚未形成产品或产品尚未销售。如果每股现金流连续高于 EPS，则预示着未来 EPS 的增长，因为这多数是由一些还未计入收入但已签单收到现金（定金）带来的，未来这些销售正式入账后将会增加 EPS。所以，看公司业绩不能只看 EPS，还需看每股现金流是否匹配，这个指标还经常能揭示未来业绩的走向。

看财务报告是选股的基础，有时候我们太关注事件和故事，而忽视了事实（财务报表里的数据），把两者割裂开来是做不出通盘考虑、心里有底的投资决定的，往往会忽视风险或机会的存在。

如果我们想在三季报里淘金牛股，就应该把三季报净利润同比高增长与每股经营活动现金流量高增长结合起来分析。

年报预告期"避雷"巧用这四招

每到年底,都是上市公司年报预告密集发布的高峰时间,一些业绩"变脸"的公司"闪崩"起来是非常吓人的。由于一些个股连续跌停引发的资金面挖东墙补西墙连锁反应,使得"闪崩"的个股会越来越多。"闪崩"的个股要么是业绩变脸,比如:獐子岛等年报业绩预告"变脸",开始了下跌之旅;要么是庄股资金链断裂引发"闪崩"。怎样避开年报地雷及"闪崩"股?笔者认为应从以下四方面避免:

◆ **第一,要避开前期股价炒高后三季报业绩大幅下降的公司**

比如翻番白马股白云机场。其三季报显示,2019年1—9月实现营业收入58.33亿元,归属于上市公司股东的净利润5.73亿元,同比下降37.64%,每股收益0.28元。公司股价在10月10日一度达到23.69元,为历史新高。此前股价一路高歌猛进,区间涨幅一度翻番,但在公布三季报后的12个交易日中持续下跌,并在后续6个交易日录得六连阴,公布三季报后股价累计跌去了30%左右。

◆ **第二,要避开前期爆炒的筹码非常集中的业绩不及预期的高价股**

有些个股业绩还看得过去,但前期透支了业绩,股价已经炒得非常高了。比如贵州茅台,2019年其三季报净利仅增逾两成,低于市场预期。

公司前三季度实现营收 609.5 亿元，同比增长 16.64%；实现归母净利润 304.55 亿元，同比增长 23.13%。其中，第三季度实现营收 214 亿元，同比增长 13.81%；实现归母净利润 105 亿元，同比增长 17.11%。对此，市场人士表示，贵州茅台三季报低于预期。受此影响，贵州茅台股价应声回落，随后股价三连阴，形成"三只乌鸦闹枝头"的 K 线组合，短期头部迹象非常明显。虽然贵州茅台是好股票，但好股票也要买在低位，卖在高位。毕竟风险是炒出来的，世界上还没有只涨不跌的股票，投资者应该绕道而行，不要去贪杯买醉。

◆ **第三，要避开业绩不错，但股价炒高后大股东大手笔减持股**

2019 年以来，沪深两市共被大股东、高管、持股 5% 以上的股东（以下合称重要股东）等减持了数百亿元。比如跌停"闪崩"的汇顶科技，在 2019 年 11 月 25 日收盘大跌 9.47%，仅上午成交额就达到 10.06 亿元，机

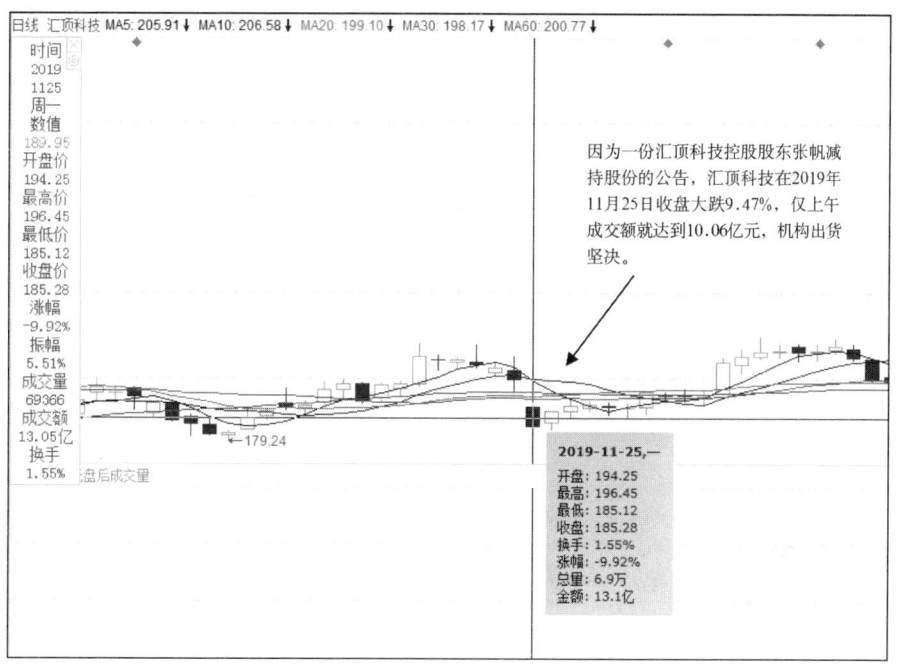

大股东减持导致跌停"闪崩"——汇顶科技

构出货坚决。原因是公司公告称，汇发国际（香港）有限公司拟减持公司股份不超2278.66万股，拟减持股份不超公司总股本的5%。同时，汇顶科技控股股东张帆拟减持不超4.73%的股份。汇顶科技公告，自2019年10月31日起至2019年12月31日，持股47.25%的公司控股股东张帆拟通过集中竞价交易、大宗交易和协议转让方式减持不超过2153,56万股公司股份，拟减持股份不超过公司总股本的4.73%。因此，投资者对此类上市公司的大股东在此期间的减持需要格外小心，以免"触雷"。汇顶科技业绩虽然不错，但其股价从100多元炒到最高230元，一旦出现大手笔减持，机构因获利丰厚是会不计成本抢跑的。

◆ 第四，要避开重组时内幕交易公司

比如东晶电子被曝内幕交易，英雄互娱再冲A股受阻。2019年11月25日，浙江东晶电子发布《关于终止筹划重大资产重组事项》的公告，表示将终止重组英雄互娱。关于终止原因，公告显示：因本次重大资产重组涉及的审计、评估工作量较大，截至目前尚未完成；同时，交易各方没有就本次交易的最终交易方案（包括但不限于最终交易价格、利润承诺及补偿等）达成一致意见并签署《换股吸收合并协议》的补充协议进行确认。实际上，这次终止重组意味着英雄互娱第二次冲击A股失败。此前，英雄互娱曾与*ST赫美筹划过重组事项。对于这次终止重组，媒体曝涉内幕交易，其股价也毫无悬念地被封死在跌停板上。对这类个股，投资者千万不要去盲目抢反弹。

"会买的"徒弟好做，"会卖的"师傅难当

股谚云："会买的是徒弟，会卖的是师傅。"这句话表明：卖股票是最难的事，从某种程度上讲，何时卖股票甚至比何时买股票、买何种股票更难，而且更重要。而不同时期又有不同的卖出方法，比如很多人在个股明明已经破位还要死守甚至补仓。该卖不卖，必然遭受重大损失。

巴菲特在一次演讲中勇敢地承认了，早年在进行的 US Air 交易中由于买了不卖，几乎损失了全部投资。索罗斯在《索罗斯谈索罗斯》一书中解释说："对于其他人来说，犯错是羞耻的渊薮；而对我来说，意识到自己的错误是骄傲的源泉。犯错并不可怕，可怕的是不去改正错误。"

从投资心理学来说，卖股票是令人痛苦的一件事。比如股票已经大幅涨升的时候，觉得还能赚更多，如果卖了就没有继续取得利润的机会了，却完全忽视了继续上涨的空间、上涨的概率以及回落的巨大风险。而在股票下跌的时候，甚至亏损比较严重的时候，卖出更是让人难受，一卖就不再是数字的变化而是实实在在的亏损。但往往卖出正是为了避免更大的亏损。被套后止损，有一个不太雅的术语，叫割肉。割肉是痛苦的，身上的肉一旦割掉一块，即使长回来，也是一块伤疤。但伤疤总比断胳膊断腿强。

因此，短线操作到了卖出的时机或者具备卖出的条件就要坚决卖出，不求卖得多高明多有艺术，但要卖得正确、卖得及时。下面我们来谈谈卖

出股票的几个条件：

◆ **第一，股价趋势改变、高位下跌 8% ~ 10% 坚决止盈或止损**

止盈好办，但止损对于许多投资者来讲是很困难的。毕竟对许多人来说，承认自己犯了错误是比较困难的。投资最重要的就在于当你犯错误时迅速认识到错误并将损失控制在最小，这是 8% 止损规则产生的原因。通过研究发现很多的大牛股在经过一波炒作后会从高点回到最初的起点。比如：我们分析过的美绵能源，从 10 元开始拉升，最高炒到 21 元翻番后，之后又回到了 10 元左右。如果你在趋势改变后跌了 8% ~ 10% 坚决止损，就保住了盈利成果。同样，如果你在高位追高被套，果断止损后，也会减少很大的亏损。

◆ **第二，在山之巅卖出股票**

有许多方法判断一只牛股即将见顶而回落，一个最常用的判断方法就是当市场上所有投资者都试图拥有该股票的时候。一只股票在逐渐攀升 100% 甚至更多以后，突然加速上涨，从图形上看几乎是垂直上升。这种情况是不是很令人振奋？不过持股者在高兴之余应该意识到：该抛出股票了。这只股票已经进入所谓的山之巅了，股价很难继续上升了，因为没有人愿意以更高价买入了。突然，对该股的巨大需求变成了巨大的卖压。根据我们对过去很多牛股的研究，股价在经过山之巅回落之后很难再回到原高点，如果能回来也需要很长的时间。

◆ **第三，连续放量滞涨为最佳卖出时机**

股票价格由供求关系决定。当一只股票股价开始大幅上涨的时候，其成交量往往大幅攀升。原因在于机构投资者争相买入该股以抢在竞争对手的前头。在一个较长时期的上涨后，股价上涨动力衰竭。股价也会继续创出新高，但成交量开始放大。这个时候就得小心了，连续放量滞涨一般是机构对敲出货，引诱其他投资者来接盘。供给开始超过需求，最终卖压越来越大。放量滞涨往往预示着趋势反转。我们还是以美锦能源为例，在20元上方放出了非常大的量，随后开始一路下跌。

能认识自己错误的人是勇敢的，知错能改，善莫大焉。炒股如下棋，有输才会赢，小输才会大赢。

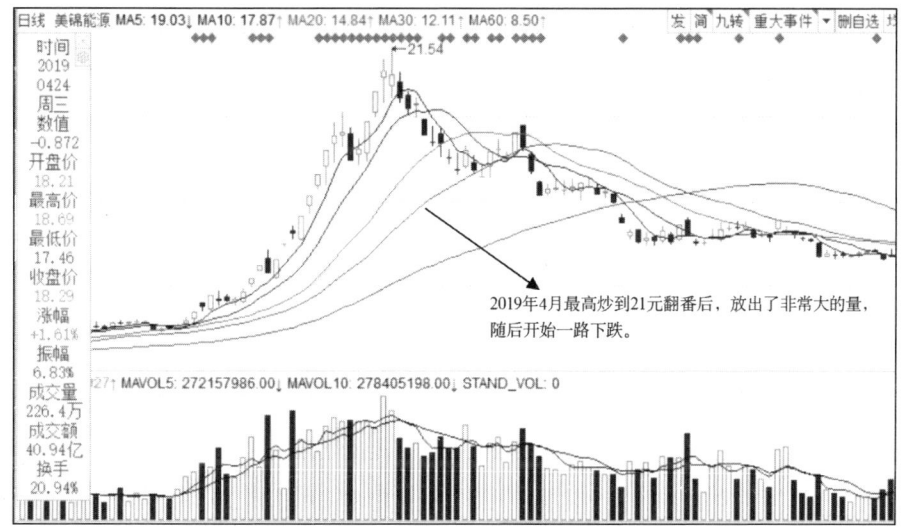

连续放量滞涨为最佳卖出时机——美锦能源

万变不离其宗，炒股十大心得

投资大师威廉·江恩说：阳光之下没有新东西。市场在变，但不管怎样变，投资者都应牢记炒股的一些最基本的道理：万变不离其宗，我们要以不变应万变。下面就是围绕"万变不离其宗"而演化出来的炒股十大心得，供读者参考。

第一，一个证券投资者，其必备的基本素质不是头脑聪明、思维敏锐，也不是股龄多长，知识多渊博、学历多高深，而是"要有止损的勇气和决心"。金融大鳄乔治·索罗斯说：你不用什么都懂，但你必须在某一方面懂得比别人多。

第二，股市中赚钱很快，亏钱也很快；而且，每次亏钱大多是在赚了钱后扬扬得意之后发生的。股市有风险，买卖须谨慎。安全第一，赚钱第二。不带刹车别上路，没设止损不下单。因此，在交易前一定要先决定退出点。

第三，股市是一个充满机会也充满陷阱的地方，一定要坚决抵御各种诱惑。放弃一些机会，才能抓住一些机会。如果一心追求利润最大化，最终往往是亏损最大化。美国共同基金之父罗伊·纽伯格说：热爱一只股票是对的，但当它股价偏高时，还是让别人去热爱它吧。

第四，股市不创造价值，我们的财富增值来自对方的失误。不同的股票或同一只股票在不同阶段不能有相同的预期，出现卖出信号就立即卖看对不赚钱，做对才盈利。没有成功卖出，所有利润都是纸上富贵。

第五，每个人都有"恐惧"和"贪婪"心理，主力专找这两大死穴攻击。散户却不承认自身有此毛病。主力有远大目标，显得大智若愚；散户有小聪明，却往往自作聪明。

第六，心态比策略重要，策略比技术重要，技术比运气重要，但有一点绝不重要，那就是"消息"。四处打探消息，把道听途说的传言作为选股依据，最容易成为主力出逃时的牺牲品。股票投资，难免有些地方需要靠运气，但长期而言，好运、霉运会相抵，想要持续成功，必须靠技能和运用良好的原则。

第七，大盘的实际走势往往超乎大多数人的预期，自作聪明预测大盘的顶和底是愚蠢的。行情在绝望中诞生，在犹豫（分歧）中发展，在疯狂中结束。政策的调控，消息的传闻，只能延缓它的运行速率，但改变不了它的必然趋势。江恩曾说：当市场趋势不明显时，宁可在场外观望；当上升趋势确立后，要大胆买入股票。

第八，股市有风险，但我们不要惧怕风险，而应了解风险，懂得风险，警惕风险，管理风险。只有控制风险，才能规避风险。股市最大的风险是没有给我们控制风险（改正错误）的机会。因此，每次成功卖出（不论是止赢还是止损），我们都要感谢风险。

第九，人性的弱点永远是我们的最大敌人。恐惧、怀疑、犹豫、后悔、浮躁、侥幸、冲动、贪婪、幻想、涨喜、跌悲……我们必须与之战斗终生。

第十，九段老手不会走错简单定式，但是棋圣也有出昏着的时候，因此，"心态修炼，绝不冲动，绝不浮躁，绝不贪婪，绝不幻想"要时刻铭记在心。敢于失败，败就败了，失败是成功的一部分。吸取失败教训，最后终将盈利满满。

强势市场
每一次回调都是捡钱的机会

说一千道一万,任何股市的上涨都是由资金推动的。所谓的强势市场其实都是在资金的推动下走出来的,主力经过很长一段时间的吸筹后,逐步掌握了大部分筹码,控制了盘面,一般来说,在行情拉升阶段,成交量都会放大。经过一段拉升后,市场积累了大量获利盘,主力资金当然要用振荡回调来洗盘。如果洗一次,没关系也不用着急,股指在拉升一波之后会进入另外一个箱体,这个时候,因为获利盘有很多,主力可能会再次进行强制洗盘。经过一段时间整理,驱使市场持股成本上移并且趋于一致。同样,在第二次拉升之前,主力可能会进行最后的猛烈洗盘,不坚定者估计在这个时候就要下车了,然后主力开始第二阶段的拉升。我们常说的二次筑底就是这么一种形态。

强势市场的回调有3个典型的特征:

第一,回调不破5日均线,大盘始终沿着5日均线的依托上行。

第二,下方向上跳空的缺口不被回补。

第三,成交量没有萎缩。

弱势市场中的调整和强势市场中的调整回踩不一样。在强势市场中,基本上每次的回调都是逢低买入捡钱的机会,而回调后也多半可以再创新高,所以在强势市场中,基本上回调都是可以不用怎么理会的;但是在弱势市场中则不一样,弱势中,反弹至高位后,每次的调整,都可能是较大力度的回撤或下跌！如果弱势中上涨后，不把握好高位止盈减仓的机会，经常会出现盈利后又亏损的局面。

其实，遇到主力振荡洗盘不必焦虑，只要这个缺口没被回补之前，每一次回调都是捡钱机会。当然，在强势市场中我们要选后来居上的强势股。

后来居上的强势股，本来走势就弱于大盘，其资金介入走强后，主力资金根本无法出货或不想出货。当调整一下之后，大盘再一次企稳回升时，强势股也必然止跌回升，并且走势可能超过大盘，这个时候就是我们的进场机会。做有把握的事情要比冒险追高安全得多。

后来居上的强势股特征很明显，可以从以下5方面判断：

第一，大盘差的时候，它不跌甚至涨；大盘转好的时候，它大涨甚至涨停。所以市场偏弱的时候，是最容易发现强势股的。

第二，后来居上的强势股沿着5日均线一路上扬，一般不破5日线；就算破了，短期内也会马上收复。更强的，沿着5日线攀升。

第三，后来居上的强势股有明显的上升通道，各均线呈多头排列，一般不破通道下轨；就算破了，也是迅速大阳拉回通道内。

第四，后来居上的强势股回调会缩量，且越缩越小，表示筹码稳稳锁定，都不想卖，后续还会有拉升。

第五，后来居上的强势股各种技术指标如KDJ、RSI、MACD、BOLL等，在回调过程都相对处在比较强势的范围。

要把握后来居上的强势股的精准买点，可参照以下几点：

第一，在重要均线附近埋伏。比如一只股沿着十日线向上，那么就可以在十日线附近挂单，能买到一般也能很快脱离成本区。

第二，关注量能变化。缩量回调后，股价企稳并重新温和放量的时候，如果各指标稳定，就是重新买入的机会。

第三，关注开盘半小时内的涨幅榜，很多后来居上的强势股诞生在这里，回调后某天杀进涨幅榜，应积极关注，逢低介入。

第四，后来居上的强势股回调，本来平稳的分时图走势突然直线拉升，应及时介入，因为这类个股要开始发飙。

操作后来居上的强势股，要有较好的技术能力，能综合判断各种技术指标，从而选出相对精准的买点。当然也要注意，错了要及时改正，不能死拿不放，一错再错。

为什么说场外配资是害群之马

通俗地说：场外配资就像用股票质押去高利贷款，通过一些正规或者不正规的配资公司能使你的市值及本金扩大 3～10 倍。

清理整顿场外配资

打个最简单的比方：假如你有 10 万元的自有资金，配资 10 倍，那么你将有 110 万元可以交易。如果这时股市是上涨的，你抓到一个涨停就赚 11 万元。可以快速暴富。但是，如果这时股市是下跌的，一个跌停如果你无法追加 10 万元甚至更多的保证金，那么你的 110 万元将被强制平仓，也就是说你的 10 万元不存在解套，直接就归零了。场外配资将加速股指的上涨与下跌，其存在风险绝对不能小看！一旦发生杀跌将引发疯狂的"踩踏事故"，会使风险放大10倍，我个人建议一般投资者坚决不要去场外配资入市。有多少资金炒多少股，这样可能不会一夜暴富，也不会伤了筋骨，更不会要你的命。

股市火爆，场外配资更是火上浇油。监管部门也察觉到如此大的成交量不正常。于是，密集召开相关会议，就券商外部接入和场外配资问题传达监管态度。中证协在北京召集部分券商举行了专题会议，主要内容就是关于外部接入和严禁配资；同日，深圳证监局在深圳也召开了相关会议；更早前，证监会在上海亦举行了相关专题会议，以防止场外配资越演越烈。

场外配资由于没有法律批准，更无明确的规则加以指引，因此风险巨大。它的最大风险在于，配资方并非合法从事证券交易业务和融资业务的机构，没有健全的内部控制制度和外部监督系统；参与配资的配资者将自有保证金打入配资方指定账户，获得的配资不是在自己名下的账户上，而是在配资方指定的账户上，配资买入的股票也是在配资方指定的账户上（这些账户多为网络虚拟子账户），配资方可以对账户内的股票任意挪用和卖出，融资方根本无法控制。不正规的配资平台不按照约定比例提供资金，擅自平仓，不按约定结算和退还保证金，甚至强行挪用保证金、携款潜逃，均给融资方即投资人造成巨大损失，同时也扰乱了正常的社会金融秩序，对于股灾的发生确实"贡献"了一分力量。正因如此，证监会才多次发文明令禁止场外配资行为，并对相关违法主体包括网络平台公司、证券公司、资产管理公司等进行了严厉处罚。

融资炒股是把双刃剑，它放大了风险，肥了证券公司。散户切记：千万不要高位融资买股票，否则后果很可怕——有可能连裤衩都输掉！所以说：场外配资及融资炒股是害群之马。

为养老金入市加"三把锁"

人社部 2019 年 6 月 10 日发布的《2018 年度人力资源和社会保障事业发展统计公报》显示,全国参加基本养老保险人数为 9.4 亿人,年末基本养老保险基金累计结存 5.82 万亿元。养老金是社保基金的重要组成部分,大约占整个社保基金的 90%。全国基本养老保险滚存超过 5.82 万亿元。这 5.82 万亿元资金沉睡在全国各地的财政专户中,只收取微弱的利息,贬值严重。

倘若这 5.82 万亿元均可以进行多元化投资。按照 30% 的比例入股市,那么养老基金可以进入股市的金额近 2 万亿元,其保值增值能力远远大于利息收入。

人社部在 2019 年第三季度新闻发布会上表示,基金投资运营和监督管理工作稳步推进。截至 9 月底,已有 18 个省(区、市)政府与社保基金会签署基本养老保险基金委托投资合同,合同总金额 9660 亿元,其中 7992 亿元资金已经到账并开始投资。

养老金加快进入资本市场。这其实有两方面原因。一方面,我国开始进入老龄化,人们对于养老越来越关注,但是我国的企业年金等养老金大多趴在银行里吃利息,实际上收益很低,因此这些资金迫切需要找到具有更高收益的投资领域。另一方面,我国资本市场改革步伐在加快,更多的投资机会开始出现,2019 年下半年股市出现了回调,正在构筑底部。同时，最近的经济数据也显示，经济开始筑底回暖，因此，资本市场的长远前景被更多投资人看好，在这种形势下，养老金加快受托人选择，拓宽投资领域，可以带来更多的收入。

近8000亿元的养老金已到账投资，无疑是长期利好股市的。接下来研究分析这些资金在A股市场中的投资标的，是否能够跟养老金一起赚钱将颇为关键。我们知道，养老金来股市是不能亏钱的，我们认为：养老金提速入市，需加"三把锁"：

◆ 第一，安全锁

养老金投资应遵循三个原则：第一原则，安全性，须保本，有一定的抗通胀能力；第二原则，流动性，保证养老保险基金的支付需求；第三原则，保值增值原则。按照目前的金融投资方法，通过保本型的投资组合是可以实现保值增值的目标的。从全球养老金的投资管理经验来看，大部分国家也是采取保本投资策略。第一阶段，都会构建资金的投资安全垫，在安全垫提高的基础上，才会去逐步扩大激进性投资。

◆ 第二，久固锁

养老金性质决定偏长线持股，因此对行业稳定的低估值的标的可能会有所侧重。综合来看，低估值、盈利及分红稳定的公司可能成为其首选标的。这将使养老金在优化投资者结构、维护市场稳定发展、提升市场运行效率等方面发挥着重要作用。

◆ 第三，智能锁

养老金除了可配售科创板的部分新股外，也可适当参与有业绩保障、成长性好的科技创新公司。比如：5G、人工智能、大数据、国产芯片、物联网等龙头企业的配置。具有不断健全多层次资本市场体系，推动提高上市公司质量，积极培育各种需求的投资者，全面改善市场生态的作用。

用"放大镜"看上市公司年报的核心

放大镜之所以能以小看大,是因其聚焦的光学功能。上市公司年报整版整版的数据,让人头皮发麻,这就需要挖掘一些"聚焦点"。年报是上市公司业绩和成长性最重要的参照系,每一个投资者都应十分关注。上市公司年报是一年来的经营信息汇总和经营总结,由于其高度的专业性、复杂性以及可能的隐藏性,导致很多人看不懂。所谓的解读只能是肤浅的了解,没有必要或不可能真正掌握,但我们对上市公司年报的基本方面的内容和情况一定要了解。

一般股民看年报不外乎看以下几点:

◆ 第一,每股收益

这是经营绩效,是计算市盈率的依据,说白了就是公司一年中给你赚(赔)了多少钱。年度净利润÷总股本=每股收益。

◆ 第二,净利润同比增长

这是纵向比较经营成果,今年与去年相比利润是增长了还是减少了。(今年的净利润总额-去年的净利润总额)÷去年的利润总额=增长率。

◆ 第三,净资产收益率

这是盈利能力的反映。报告期利润÷期末净资产=全面摊薄净资产收益率。

◆ 第四，主营业务增长

这是公司成长性的表现，看看公司是靠主业赚钱还是不务正业赚钱。

◆ 第五，每股净资产

代表的是股东权益，是支撑股价的基础。包括股本、资本公积金、盈余公积金和未分配利润。股东权益÷股本总额＝每股净资产。

◆ 第六，股东人数

股东人数的变化与二级市场走势存在着一定相关性，人数越少表明筹码越集中，人均持股量越大，股价走势往往具有独立个性。股东人数越多，表明筹码越分散，人均持股量越小，股价走势往往较疲软而不具有独立性。这是分析筹码集中度的指标。

我们所说的"聚焦点"增加了如下看点：

◆ 第一，成长性

主营业务收入增长是基础，主营业务净利是保证，净利润增长是结果。主营业务净利润增长太高也不好，一般增长1倍比较稳当，有些净利润非常高却不是来自主营收入，是可以忽略的。对于成长型公司来讲，如果主营业务净利润增长率没超过50%，应引起股民的高度重视。

股东权益比＝（股东权益÷总资产）×100%

◆ 第二，盈利能力

净资产收益率；主营业务销售毛利率（科尔、巴菲特非常看重此指标）；毛利越高，企业竞争能力就越强。

◆ 第三，安全性

股东权益比：股东权益比同负债成反比，负债过高，企业安全受影响，无负债也表明企业没有好项目，发展将走下坡路。最佳流动比率为2，速动比率为1，此项指标也称银行家比率。

◆ 第四，营运能力

应收账款周转率：应收账款周转越快，企业就越能进入良性循环。这跟公司营销机制有关。营运能力通常要看存货周转率，库存越少越好，周转越快越佳。

投资者也可根据以上几点，举一反三，对自己关注的行业进行对比分析，从而制定最佳的投资决策，发现别人看不到的成长股。正如弗兰克·盖恩所说："只有看到别人看不见的事物的人，才能做到别人做不到的事情。"

中国股市散户生存现状启示录

上交所 2019 年统计年鉴数据显示，截至 2019 年年底，沪市共有 1.95 亿投资者，其中个人投资者，也就是散户贡献了相当于机构投资者 5 倍的交易额，占到了总交易量的近八成，但却只收获了总盈利规模中不到一成的利润。平均来看，沪市个人投资者上一年平均盈利 1593 元，而专业机构平均每家盈利 174 万元。为此，我们结合其他权威机构调查数据，总结出中国散户生存现状四条启示录：

◆ **第一，散户投资者群体大而不强**

数据显示，在沪深两市开户的股民已经超过了 1.95 亿户，这是一个非常庞大的投资群体。然而，人多力量大的时代已经成为历史。调查显示，股民队伍虽众，但却十分疲弱。从年龄看，25～55 岁的适业人群构成了中国个人投资者的主体（77.59%），但 55 岁以上的离退休人士也有不容忽视的份额（16.96%）；从受教育程度看，股民总体受教育程度较低，其中高中及中专以下者占了被调查者总数的 43.81%，而初中以下的低学历者有数百万之众。因而，加强投资者的教育，普及证券专业知识非常重要。

从职业构成看，投资者主体为机关干部、工人、科教文卫新闻工作者、商业服务业人员和个体工商户、私营业主；而相对为弱势群体的工人、商业服务业人员和待业、无业人员、退休职工居多。前段时间有一个错误观念，认为股民都是有钱人，其实，90%的散户都是亏钱一族，他们才是社会的弱势群体。他们的合法权益能否得到充分保护，直接关系到两亿散户投资者及其家庭的切身利益。

◆ 第二，散户成了机构投资者割韭菜的对象

据统计，个人投资者占到了沪市总投资人数的99.78%，其中10万元以下散户最多，达到了55.28%，其次是10万~50万元之间的投资者，约有30%的散户来自这个区间，50万元以上的投资者持股市值占总市场不到5%。

从盈亏状况来看，2019年自然人投资者整体盈利3108亿元，2018年亏损7090亿元；2019年专业机构整体盈利11156亿元，2018年亏损3171亿元。2019年机构整体盈利金额是散户的3.6倍，而自然人投资者的盈利金额不及总盈利额度34535亿元的一成。股市是一个盈的人赚亏的人的钱的零和游戏，机构赚的钱正是八成散户的钱。

◆ 第三，散户和机构的持股周期不同

在持股市值方面，个人投资者和机构投资者相差不大，个人投资者持股市值为59445亿元，机构投资者则为45294亿元。在此情况下，个人投资者的交易金额占到2017年交易总额的82.01%，而机构仅占14.76%。可见，散户的换手率较高，在日常交易中更倾向于短线交易，而机构则更倾向于长期持股。

由于信息不对称、上市公司诚信有待提高、信息披露制度有待完善，问题股频发，使得散户投资动机受到干扰，不得不被动投机。调查显示，78.6%的个人投资者入市的主要原因是想通过股票的买卖价差而获利，只有11.7%的个人投资者进入股市是为了获得公司分红的收益；38.0%的散户投资者因有闲置资金而把股市看作一个长期投资的场所。这样一来，以投机"炒作"为主的散户群体，投机行为表现在炒题材股、热点股，追涨杀跌，短线频繁交易。

◆ 第四，散户投资者依然处在盲目投资阶段

从表面上看，散户投资者买股票已告别了完全依靠股评家的"傻瓜"阶段。调查显示，绝大多数个人投资者买股票主要通过亲朋好友的介绍、股评专家的讲解以及电视、网络、报刊文章等（三者相加约占总数的70.4%）的推荐；而在做具体的投资决策时，投资者依据"股评推荐""亲友引荐"以及"小道消息"所占的比重高达51.5%；在投资决策的方法上，个人投资者决策时几乎不做什么分析，而是凭自己的感觉随意或盲目地进行投资。

大多数投资者在评价投资失误时，往往将失误归咎于外界因素，如国家政策变化（67%）、上市公司造假（50.9%）以及庄家操纵股价（41.6%）等，只有少数个人投资者认为是自己的投资经验或投资知识不足（28.7%）。同时，对上市公司公开信息的关心程度不高，表示"一般关心"或"不太关心"。投资者关注的上市公司财务指标主要是：盈利数量指标、成长性指标和利润分配指标，而资产状况指标、现金流量指标、偿债能力指标、营运状况指标等则关注很少。由此看来，散户投资依然处在盲目阶段。

做个"聪明的投资者"其实并不难

如何做个聪明的投资者,这原本是个难题,当微软公司的创始人比尔·盖茨向世界上最成功的投资人士——沃伦·巴菲特咨询投资建议时,幸运的比尔得到了什么秘诀呢?其实他所得到的秘诀与巴菲特这些年以来对任何愿意向他咨询投资技巧的人所说的并无二致,那就是:去读本杰明·格雷厄姆的著作。

本杰明·格雷厄姆作为一代宗师,他的证券分析学说和思想给当时的投资领域带来了极为巨大的震动,影响了几乎三代重要的投资者,可以说是巴菲特、彼得·林奇等股王股圣的启蒙先师。如今活跃在华尔街的数十位身家上亿的投资管理人都自称格雷厄姆的信徒,因此格雷厄姆享有"华尔街教父"的美誉。

《聪明的投资者》(又译作《智慧型股票投资人》)一书是本杰明·格雷厄姆的代表作。在这本书中,格雷厄姆的理论是要注重企业内在价值的发现,而非鼓励投资者短期的投机行为。他强调投资者应记住"安全投资的极限"这一原则,要肯定所购买的股票的价值远远大于在股票市场所做的投资,只有购买股票的价钱以及股票本身的价值才是真正重要的事。《聪明的投资者》初版于1949年,以后不断修订,一版再版,至今仍对全球金融业产生着深远的影响,并为证券市场造就了一批亿万富翁。可以说,美国的对冲基金的管理者几乎无一例外地都认真研读过格雷厄姆的这一杰作，并将书中的名言、名句引为"圣旨"。

股民常自嘲：苦不苦，想想赔钱二百五；累不累，炒股对不起下一辈。炒股不仅需要高深的学问，还需要一种"聪明的投资者"的技能。炒股当然有输有赢，会有套牢，但关键看你如何面对。曾任美国总统的艾森豪威尔年轻的时候，一次晚饭后跟家人一起玩纸牌游戏，连续几次他都抓了很坏的牌，于是就变得很不高兴，老是抱怨。他妈妈对他说："如果你要玩，就必须用你手中的牌玩下去，不管那些牌怎么样。人生也是如此，发牌的是上帝，不管怎样的牌你都必须拿着。"多年过去，艾森豪威尔一直牢记母亲的这句话，从未对生活再有任何抱怨。相反，他总是以积极乐观的态度去迎接命运的每一次挑战。股市也是这样，面对这一千多张牌，发牌的是上帝，选牌的却是你自己，且每一回合都要重新洗过。你可能选中带有大小王的"火箭"，也可能选中垫底的"小3"。因为你是凡胎肉眼，看不透底牌。对于技巧的培养、发现和超越，是所有对市场的认知和理念付诸实践的必经之途。只有真正掌握各种知识、工具、技术层面上的"艺"，才能对它进行解构、重构、萃取、融合，由"匠"而"师"，到达"艺术"的层次。许多善坐论剑道者，未必能拔剑杀人；平时静坐谈心性者，往往只能纸上谈兵。实战出真知，只有精于技巧并超越技巧，才能生存于这个市场。

格雷厄姆在《聪明的投资者》一书中清楚地指出投资与投机的本质区别：投资是建立在敏锐观察与数量分析的基础上，而投机则是建立在突发的念头或是臆测之上。二者区别的关键在于对股价的看法不同，投资者寻求合理的价格购买股票，而投机者试图在股价的涨跌中获利。聪明的投资者应该充分了解投资者最大的敌人不是股票市场而是他自己，如果投资者在投资时无法掌握自己的情绪，而受到市场情绪的左右，即使他具有十分高超的分析能力，也很难获得较大的投资收益。

对此，格雷厄姆讲述了两则关于股市的寓言进行形象的说明。一则是

"市场先生",借此来说明时时预测股市波动的愚蠢;另一则是"旅鼠投资",为了说明投资者的盲目投资行为。

由于一个公司的股价一般是由其业绩和财务状况来支撑的,因此投资者在投资前要判断一家公司股票的未来走势,其中很重要的一点就是需要准确衡量公司的绩效。格雷厄姆在《聪明的投资者》一书中以 Erneq 航空公司等以 E 开头的公司为例,介绍了衡量公司绩效的六种基本因素:收益性、稳定性、成长性、财务状况、股利以及历史价格等。

这本美国人格雷厄姆写的《聪明的投资者》能告诉你选牌的真谛。股神巴菲特是这样评价这本书的:"1950 年年初,我阅读了本书的第一版,那年我 19 岁。当时,我认为它是有史以来投资论著中最杰出的一本。时至今日,我仍然认为如此。"尽管它在 1949 年面世,但直到如今,它仍然是面向投资大众最好的一本书。当然,也是中国投资者值得一读的,如果这样,做个"聪明的投资者"其实并不难。

理性投资者都不会满仓

华尔街的名言之一：股市风险主要来自短线、趋势和重仓。很多人可能不这样认为，但是长期来看，真的是至理名言。

干掉你的，不是你的竞争对手，而是你不愿改变的思维方式；成就你的，不是你的聪明才智，而是你顺势而为的良好习惯。股市也一样，赚到钱，不是你多么聪明，只是你顺势买入某只有上涨趋势的股票，然后坚定持有。亏了钱，不是你运气太差，只是你与趋势作对，常年满仓，频繁地跑进跑出，博取短线。下面是高手投资总结出的几条心得：

◆ 第一，炒股切忌频繁买卖

投资有时就像养猪。猪从小猪长成大猪有一定的周期，如果你看到猪肉涨价，就把小猪杀了卖了，这样就一定卖不到一条大猪的价。

◆ 第二，炒股需要顺势而为

投资有时是静静地独处，与笔者相伴的是一台电脑、一本书、一部手机。手机，让我虽居僻静处，但可尽知天下事；书，让我阅而有思，思而有悟；电脑，让我宁静致远，写永远也写不完的文字，然后，把写好的文字发出去，于千里之外运筹帷幄。

关于炒股的万千变化皆离不开一个"金字塔"。无论对大盘还是对个股，趋势都是"塔尖"，趋势的形成是所有因素共同作用的结果，影响股市的其他任何单个因素都只能对趋势产生暂时的局部影响。炒股最重要的是什么？是"势"。有句炒股格言这么说：涨时重势，跌时重质。但笔者的观点却是：涨时重势，跌时还是重势！

无论对大盘还是对个股，趋势都是"塔尖"。趋势的形成是所有因素共同作用的结果，影响股市的其他任何单个因素都只能对趋势产生暂时的局部影响。趋势一旦形成，将维持一段时间，轻易不会改变。因此，顺势者大赚，逆势者大赔。顺势而为是炒股的铁律之一。

◆ 第三，炒股需要等待时机

投资有时是等待。等待比天天看盘更重要，以耐心和智慧等风来。我们不知道下一阵风起于何时、何地，下一个风口在哪里？很多时候我们心动远快于风动。一有什么利好，就手动了，结果今天大喜，明天大悲，其实世界依旧，只是心在动，而风并没有动。

◆ 第四，炒股需要抓"热点"

"热点"说简单一点就是股市里的提款机。无论用什么语言来形容热点的重要性都不为过。不管是牛市还是熊市，选股都应取决于有没有可以持续的热点，有就做，没有就休息；选股的唯一标准，只看它是不是最强风口上的热点，是就选，不是就放弃。热点也是制造出来的，即打开一个板块，这个板块当中50%的个股都出现了上涨，而领头羊涨势凶猛，那么这个板块便很容易识别。所以，对于变化无常且非常快的炒作热点，短线很难预测，中长线更容易把握一些。

◆ 第五，炒股要有仓位意识

股票为什么不能满仓呢？很多股民，尤其是新股民，在炒股的时候看不到风险，买股票都是满仓买入，结果往往是以惨淡收场。所以，无论牛市还是熊市，任何一个理性的投资者炒股都不会满仓，满仓最大的危害就是炒坏了心态。当账户出现亏损的时候，很多人就开始烦躁不安，尤其是满仓操作的。满仓后，股票被套，无路可退，亏损开始加大。很多时候，我们多次盈利也抵不过一次满仓被套。满仓让我们的主动出击变成了被动等待，满仓让我们睡不安寝，食不知味。亏钱时给自己一个安慰，幸亏没有满仓，否则自己处境更糟。

所以，炒股千万不要满仓，股市中利润是赚不完的，安全才是第一位的。有一种品质叫敢于认错。炒股错了很正常，敢于认错纠错及时止损降低仓位才会成为最后的赢家。

特斯拉国产化将造就低价大牛股

唐代诗人刘禹锡诗作《乌衣巷》中有这样一句脍炙人口的诗:"旧时王谢堂前燕,飞入寻常百姓家。"

特斯拉这只"旧时王谢堂前燕"飞来了。

只用了一年时间特斯拉就在上海量产。特斯拉跟上海市政府的协议是这样的:上海工厂从2023年年底起,每年须纳税22.3亿元,如果不能达成这一条件,则必须归还相应土地。同时,特斯拉还必须在未来5年在上海工厂投入人民币140.8亿元的资本。国内的招商引资政策,只有大小之分,没有中外之别。特斯拉在中国拿到的贷款年利率是3.9%。一手解决土地成本,一手搞定资金成本,从某种意义上这是房地产公司的玩法。上海的土地,以十分之一的价格卖给特斯拉。给特斯拉的贷款,利息远低于给其他企业的。给特斯拉的贷款,总数超过建厂的费用,运作得好的话,马斯克一分钱都不用花,中国的土地和资金送给他。这就是特斯拉品牌的魅力!

随着特斯拉(Tesla)电动汽车公司的崛起,硅谷创业家埃隆·马斯克越来越受到关注,被广泛认为是乔布斯之后的下一个创新领袖。除去"创新领袖"这一殊荣,马斯克的另一外号更为大众熟知,那就是"硅谷钢铁侠"。毕竟,他创业的经历,颠覆的本事,比起小罗伯特·唐尼饰演的钢铁侠,也是不遑多让——28岁创办PayPal,掀起网络支付的革命;

31岁创办太空探索公司SpaceX，启动人类移民火星计划；32岁成立特斯拉，将电动汽车带入大雅之堂和寻常人家；40岁宣布打造新一代交通工具超级高铁——Hyperloop，再度引导交通革命的浪潮。毫无疑问，"年轻"的特斯拉CEO马斯克，就是一个活着的传奇。

特斯拉作为技术最成熟、产量最大的全球电动车第一品牌，在上海设立电动车制造厂，的确不是一件小事。这家股价350多美元（现在为600多美元）的硅谷公司将在上海自贸区新建一家全资工厂，将能有助于大幅削减生产成本。特斯拉为什么会选中上海？

我在上海讲课时专门分析了这一话题：上海作为一个车满为患的特大都市，必然成为中国首个车牌有价的城市，一牌难求。一个车牌本来就价格不菲。关键是你花钱也难摇到，黑市价高得惊人。而电动车的车牌不仅是免费的，而且还享受政府补贴。如果有一天特斯拉来上海建分厂，昂贵的车价能降下来，其市场将是难以估量的。2016年，特斯拉在中国市场的营收增长了两倍以上，超过10亿美元；特斯拉自2014年4月向中国第一批车主交付车钥匙以来，特斯拉已在北京、上海、杭州等多个城市建成体验店和服务中心。在中国设立制造工厂，被视为特斯拉继续扩大中国市场的关键一步。中国是全球最大的电动汽车需求市场。中国政府计划到2025年实现电动车销量700万辆，而2018年销量仅为35.1万辆。中国此前曾发布了一项建议草案，允许外国汽车制造商在自由贸易区内设立独资电动汽车业务。同时表示，外资汽车制造商主要通过以与本地汽车生产商成立合资企业的方式在华生产汽车。这个办法能避免25%的汽车关税。特斯拉CEO马斯克也表示，在中国建厂可削减运输成本及规避进口关税，进而可能将在华价格降低三分之一。特斯拉价格一旦降下来，加上中国政府对电动车的补贴。特斯拉这个"旧时王谢堂前燕"就能"飞入寻常百姓家"了。之前，中国已经有诸多公司同特斯拉有过合作，一些价格非常低的特斯拉概念股今后成为大牛股就也从非常到寻常了。

跟不跟庄？

连续出差，好久没去股民茶馆了。最近一次抽空赶去，碰巧遇到一位记者在采访股中豪杰石先生和万小姐，要他们谈谈如何在弱市中翻番获利、如何战胜庄家的心得。

记者："请问石先生，你的大名如雷贯耳，你的故事在股海传颂。请你实话实说，你炒股跟庄吗？"

石先生："你听过一首《世上只有庄家好》的新歌吗？"

记者："没听过，好像有一首《世上只有妈妈好》。"

石先生："那首歌是这样唱的，'有庄的股票像个宝，无庄的股票像根草。'你炒股票是要宝还是要草呢？"

记者："请问万小姐，你尽管没有石先生名气大，但钱赚得比他还多。你炒股跟庄吗？"

万小姐："庄家是谁？我的眼里只有股票。"

记者："你不跟庄怎么赚钱？"

万小姐："我炒股只看大势，行情淡时买进，火爆时卖出。"

记者："这谁不会？说了等于不说。"

万小姐："是的。赚钱的股民都是相似的，套牢的股民各有各的不幸。散户吃了太多的跟庄的亏，有首歌是这样唱的，'今也跟庄明也跟庄，跟庄跟得泪汪汪；成也庄家败也庄家，跟来跟去输光光。'"

记者接着问："请问石先生，你怎么发现庄家？"

石先生："跟你一样我也是肉眼凡身，只能用眼睛看用脑子想。我姓石，只认一个理，水落石出。发现庄家也用水落石出的道理，买逆市飘红的股票，特别是暴跌中能雄起的股票，到头来没一只不是超级强庄股。"

记者："请问石先生你偏爱什么类型的庄家？"

石先生："说来不怕笑，我偏爱'敢死队'型的庄家。"

记者："哦，新鲜！有这类庄家吗？"

石先生："当然有。这类庄统吃了筹码，出不了货，被逼上梁山，只得死命把股价往高拉。庄家不能'全身而退'就'全尸而退'吧。陪着庄家玩'死亡游戏'又过瘾又赚大钱。"

记者："请问万小姐，你说你不跟庄，那你怎么选股呢？"

万小姐："我认为股如其人，我把股票当作有生命的人，每一只股票都有自己的性格，有的外向有的内秀，有的豪放有的稳重，摸透了性格也就读懂了整个股市人生。"

记者："那你喜欢什么样子的股票呢？"

万小姐："我喜欢稳重型的股票，不张不扬慢慢地成长。我买了这样的股票有一种安全感，可以慢慢陪着它一起变老。"

记者："哦，明白了。你选股就如同选男朋友。"

万小姐："正是。作为男朋友，对待他首先要忠诚，只有你钟情于他，他才可能给你爱的回报。对股票要像男朋友一样长相厮守。大多数散户见异思迁，股评家说这只股靓就去追，说那只股帅就去抢。回过头看，股市中所有的黑马我们都骑过，但最后只是获点小利就弃马而逃。我选股永远就那么几只，对象选好了，然后就是一波一波培养感情，不断注入新鲜血液。"

记者："请问石先生，你炒股的格言是什么呢？"

石先生："热爱股市，远离贫困！"

记者最后问："请问万小姐，你的炒股格言呢？"

万小姐："给股票装上神经，在割它的时候，让你能感到切肤之痛！"

选翻番大牛股的独门绝招

股谚道"炒股七赔二平一个赚",为寻访这珍贵的一个"赚",我在虚拟的股民茶馆里(投资者群)采访了朋友多次推荐给我在2019年底抓到大牛股的散户奇人任哲(化名)先生。任先生退休前在一所大学教哲学,退休后,夫妻俩将3万元钱投进股市,时间不长资金却进了一位数。从没听说哲学同股票有什么瓜葛,莫非他们从康德、黑格尔等先哲那里继承到什么制胜法宝?

任先生一见面就称我为老朋友,他说:"我们虽未曾谋面,但你在《金融投资报·投资思维》专栏中的那些作品我读了10年。"

我说:"既然是老朋友,那你就应该将绝招毫无保留地介绍给散户们。据说,你有一套选股哲学?哲学对选股是否真有帮助?"

"说有也有,说没有也没有。"

我乐了:"这不就是哲学吗?矛盾的两个方面,或者叫二律背反。"

任先生说:"说有,就是选股有时要进行形而上的思考;说没有,我们也是凡人,也要碰运气。"

我请教道:"能结合你的选股具体谈谈吗?"

任先生说:"我们选的涨幅最大的股票叫博瑞医药。"

"那你们当初是依据什么选中了这只股呢?"

"好,我先说运气吧。哲人培根说:'机会老人先给你送上他的头发,当你没抓住再后悔时,却只能摸到它的秃头了。'我们中了博瑞医药新股,但这只新股上市没赚到什么钱,所以就在27元左右分批买了一万股。我是抓住了运气的头发。"

我看了看博瑞医药的技术图形,其股价现在已经在60元以上了。同时也发现,任先生的头秃得厉害。

他继续说道:"形而上就是人们通常说的透过现象看本质。我选股非常简单,哪家刚上市的好公司股价涨得不多,就买哪家股票。"

我大惑不解:"哦,这与公司业绩有什么关联吗?"

"当然有。你想想看,一家公司业绩不错,所在的行业也不错,但涨幅却不大的新股,机构一定会大量吃货。由于新股盘子都很小,庄家控盘后,一定会狂拉,拉高了再配合上市公司高送转出货。"

我说道:"你讲得很有逻辑,也很哲学呀。但你选中博瑞医药是因为中了签,这多少有些碰运气吧?"

"不,我依照这一方法,选了几只快破发的次新股都赚了钱。"

"难道用此方法选股,就没失过手吗?"

"有过一次,就是栽在了工业富联身上。我在16元买进,在14元止损割肉出局了。"

"哦!"我惊叹道,"及时止损,厉害呀。"

"其实,我也是忍痛卖了。《老子》云:'玄之又玄,众妙之门。'炒股的玄妙,就在于手中有股,心中无股,视涨跌而不见,才能欣赏到无限风光。"

我恳请道:"那对后来者,你有什么忠告吗?"

任先生抬了抬圆框眼镜:"股市无智者,只有忍者。'忍'字是心上一把利刃,面对多空搏杀,谁能做到脸不变色心不跳,谁就能无敌于股市。"

下篇

短线抓牛股就这几招

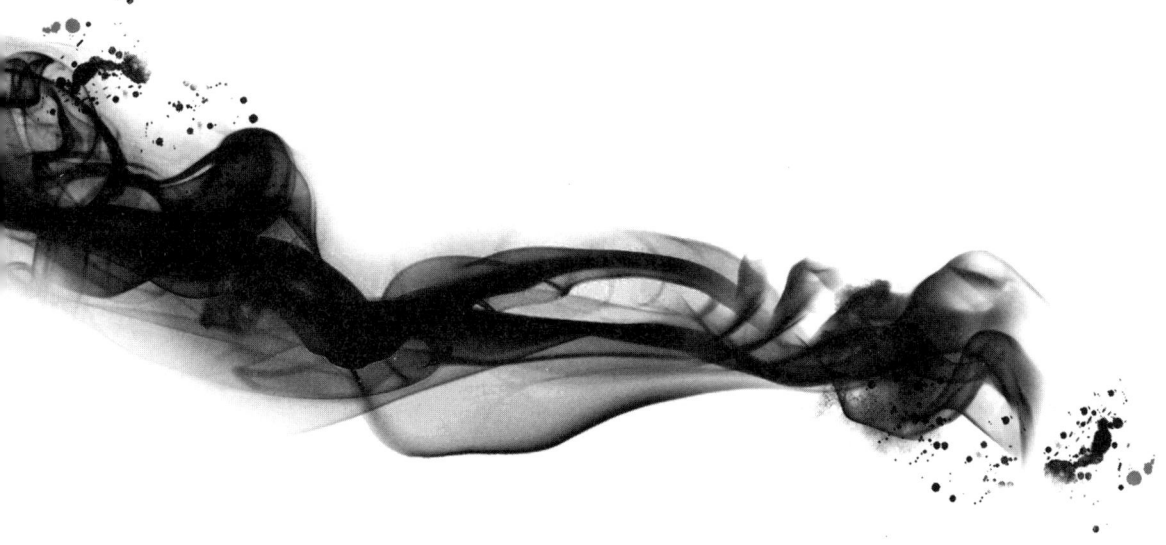

投资者经常会听到一句话是"长线是金"，但实际上，很多投资者仍热衷于短线交易。短线交易不仅能够使资金的利用率得到提高，发挥更大的效用，更能在最大限度上降低投资的风险。那么，在股市中如何抓短线牛股？对于很多股民朋友来说，要想实现快速赚钱的目的，就要通过一定的方法和技巧找到潜在的牛股。

短线交易讲究"短、准、狠"。简单地说就是要在较短的时间内根据所掌握的技能准确下单，实现利润的最大化。而要想实现快速赚钱的目的，就要尽快找到潜在的牛股。在理解、消化吸收了前面的那些正确的投资理念之后，我们就可以用下面的43招短线操盘实战技法，轻松尝试短线抓牛股，迎战市场，成就短线英雄。

短线擒获强势股的三板斧

短线擒获强势股的三板斧，是短线操作高手的游戏，要求投资者股市知识功底深厚，熟谙庄家操盘手法，心理素质上佳，更重要的一点，要有时间时刻关注庄家的一举一动。短线选股关键在热点，投资者对热点的形成一定要有敏锐的洞察力。短线择股应注意以下"三板斧"：

◆ 第一，成交量

股谚曰：量为价先导。量是价的先行者，股价的上涨，一定要有量的配合。成交量的放大，意味着换手率的提高，平均持仓成本的上升，上档抛压因此减轻，股价才会持续上涨。有时，在庄家筹码锁定良好的情况下，股价也可能缩量上攻，但缩量上攻的局面不会持续太久，否则平均持仓成本无法下降，抛压大增，股票缺乏持续上升的动能。因此，短线操作一定要选择带量的股票，对底部放量的股票尤其应加以关注。同时，个股最好是业绩无忧，行业属当前热点。

◆ 第二，图形

短线操作，除了应高度重视成交量外，还应留意图形的变化。有几种图形值得高度关注：W底、头肩底、圆弧底、V形底等形态、上升通道等。W底、头肩底、圆弧底放量突破颈线位时，是买入时机。这里有两点必须高度注意：

1. 必须放量突破方为有效突破。没有成交量配合的突破是假突破，股价往往会迅速回归启动位。

2. 在低价位的突破可靠性更高，高位放量突破很可能是庄家营造的"多头陷阱"，引诱散户跟风，从而达到出货目的。许多时候，突破颈线位时，往往有个回抽确认，这时也可作为建仓良机；股价平台整理，波幅越来越小，特别是低位连收几根十字星或几根小阳线时，股价往往会选择向上突破；处于上升通道的股票，可在股价触及下轨时买入，特别是下轨是10日、30日均线时，在股价触及上轨时卖出。

此外，还有箱形整理。箱形整理有两大重要图形。股价走势独立于大盘稳步上升，突破了箱体整理，创出了新高的尤其值得跟进捕获且下斧要狠。

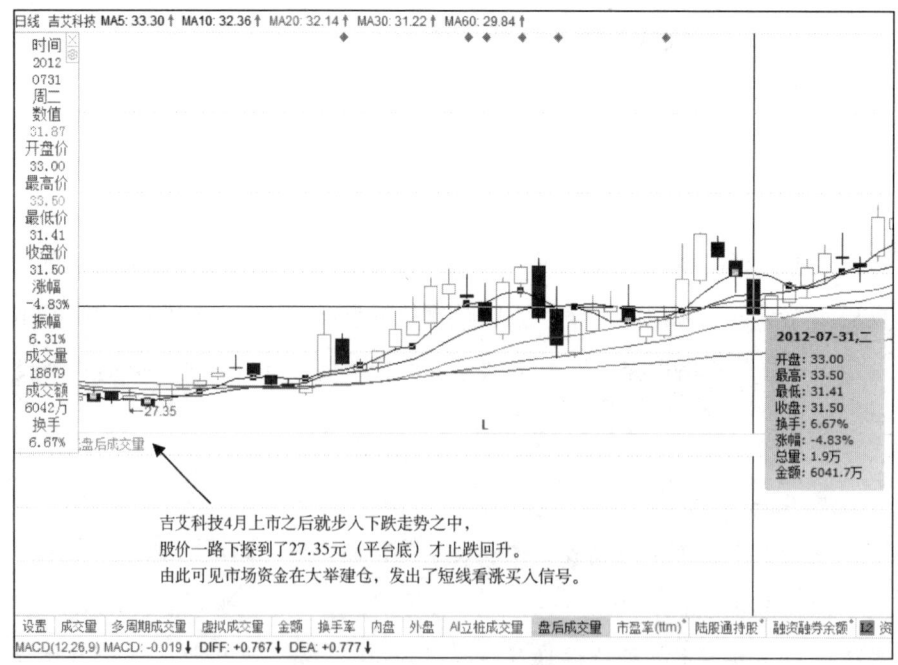

股价一路下跌探底回升，市场资金在大举建仓——吉艾科技

◆ **第三，技术指标**

股票市场的各种技术指标数不胜数，至少有 1000 种以上，它们各有侧重，投资者不可能面面俱到，只需熟悉其中几种便可。常用的技术指标有 KDJ、RSI 等。一般而言，K 值在低位（20%左右）2 次上穿 D 值时，是较佳的买入时机。值得指出的是，技术指标最大的不足是滞后性，用它作为唯一的参照标准往往会带来较大误差。许多强势股，指标高位钝化，但股价仍继续飙升；许多弱势股，指标已处低位，但股价仍阴跌不止。而且庄家利用技术指标，往往进货时指标做得一塌糊涂，出货时指标近乎完美，利用指标进行骗线几乎是庄家通用的做市手法，因此，在使用技术指标时，一定要综合各方面情况尤其是量价关系进行深入分析。

短线宰获强势股，股价最容易暴涨暴跌，短线高手不仅要学会获利了结，还应学会一样重要的东西：割肉。有勇气参与短线操作，就要有勇气认输。"留得青山在，不怕没柴烧。"当判断失误，买入下跌的股票时，应果断卖出，防止深套。"失之桑榆，收之东隅"，只要善于总结判断失误的原因，也算是对割肉的一种补偿。短线炒股，一定要快进快出，并要设好止损位，具体设定值视个人情况而定，止损位可设为 5%，也可设为 10%，股价跌破止损位时，一定要果断卖出，不要再抱幻想。即便是股价还有上涨可能，也应回避风险出局，严格按照止损位操作。

短线抓牛股：解析江恩的"二十四招"

江恩，是20世纪早期美国金融界响当当的投资大师。在1902年24岁时，江恩做了第一笔股票买卖，并从中获利，此后53年，他从金融市场共获得5000万美元的利润，约相当于现时的10亿多美元。

他数十年投资的经验是，投资者进入投资市场如果没有掌握知识，他失败的机会是90%。

江恩在其著作《华尔街四十五年》中，江恩积数十年华尔街个人经验提出了二十四条"军规"，指出，为了在股票市场上取得成功，交易者必须有明确的规则并遵照执行，任何人只要遵守它们就会获得成功。

在此我对江恩二十四条"军规"做如下解析：

◆ **第一，分散投资**

资金的使用量，将你的资金分成10等份，永不在一次交易中使用超过十分之一的资金。

解析：股谚道"不要把鸡蛋放在同一个篮子里"，讲的就是这个道理。分散投资是股票市场的铁律。

◆ **第二，用止损单**

永远在离你成交价的3至5点处设置止蚀单，以保护投资。

解析：这就是股市中的止损法则。炒股就一定要知道设立止损的重要性，这么重要的东西不知道怎么做显然是很悲剧的，投资者被深套了，才会后悔没有进行止损，显然已经晚了。怎么样防止被套？什么样的止损方法比较有效？做好止损工作，需要投资者克服很多心理上的障碍。当然，即使在亏3至5点处没止损，亏了10个点也必须止损。

◆ 第三，永不过度交易，这会搞坏你的资金使用规则

解析：一些投资者错误地认为，只要交易的次数够多，就会抓到真正的好机会。交易越频繁，成功的概率越高，因此必须随时随地留在市场内。实际上过度交易是一种致命的行为。过度交易产生原因之一是情绪决策，比如交易者受到了恐惧、贪婪、追求刺激等情绪的主导。这些人只是为了想要交易而不断进行交易，如果在场外观望，他们就会觉得浑身不自在。有些人过度交易是为了追求刺激，有些人是为了挽回先前的损失。导致过度交易的第二种原因是没有纪律规范。当然，情绪仍然是造成过度交易的因素之一，但相对于环境因素，情绪已经变得比较次要。交易者缺乏纪律规范，没有事前的交易计划，即使有计划也不能严格遵循交易计划，这就很容易导致过度交易。

◆ 第四，永不让盈利变成损失

一旦你获得了10点或更多的利润，请立即止盈，这样你就不会有资本的损失。

解析：股票市场交易中很多投资者都向往股票价格买到最低点、卖到最高点。但是很多投资者为了追求这一点，本来赚钱的股票却因为股票价格回调，导致股票少赚。江恩的10点止盈法或许有点保护作用，我们在短线交易时也可以把盈利10个点设定为20个点。

◆ 第五，不要逆势而为

如果你根据走势图，无法确定趋势何去何从，就不要买卖。

解析：炒股一定不要同趋势作对。朋友是人生最大的财富，股市里早

有"和趋势做朋友"的格言。然而，趋势是变幻无常不可捉摸的，正可谓：趋势乃众热和合而生，众冷散乱而灭。在上涨趋势时，要紧握朋友的手。

◆ 第六，看不准行情的时候就退出，也不要在看不准行情的时候入市

解析：中国股坛历来有"消息市"之说，即使在信息十分透明的今天，"消息"也没有因此而休息。你每天都会受到消息的包围，然而，实践已无数次证明，听消息炒股，必输无疑。对于四面八方飞来的消息，我们的耳朵一定要堵上，不能让其进入。

◆ 第七，仅交易活跃的股票，避免介入那些成交稀少的股票

解析：股谚道"一切都可以骗人，唯成交量不可骗人。"仅交易活跃的股票即量增价升的股票，此时成交量持续增加，股价趋势也转为上升，这是短中线最佳的买入信号。"量增价升"是最常见的多头主动进攻模式，应积极进场买入，与庄共舞。成交稀少的股票，量小价滞，说明不是市场当前热点，投资者不愿追高买进。

◆ 第八，平均分摊风险

如果可能的话，交易4～5只股票。避免把所有的资金投到一只股票上。

解析：这也是我们非常重视的风控原则。本轮股市从3288点回调以来，大部分投资者出现了大面积亏损。为何会这样？只能说明大多数散户投资者没有做好跌势中的风险管理措施，如果能保持三成左右仓位，等到反弹如期而至，我们就可以用更低的筹码买入大批优质股。在投资市场赚钱一定要有远见，特别是股票投资，没有远见如何做好企业？投资股票不就是投资企业吗？投的是企业的未来。如果本质的问题没有弄清楚，你就无缘赚这种钱，因为你把握不住未来的方向，因为机会永远只留给有准备的人！

◆ **第九，不要限制委托条件，也不要坚持固定价格**

解析：这一条说得非常明白了，看准了的好股票就不要犹豫，下手要果断。

◆ **第十，若没有好的理由，就不要用平仓止损单保护你的利润**

解析：不要去贷款或融资买股，如果遇到大回调被强制平仓，你一年赚的利润会瞬间亏光。

◆ **第十一，累积盈余**

如果你进行了一系列成功的交易，请把部分资金划入盈余账户，以备在紧急情况之下，或市场出现恐慌之时使用。

解析：这个道理非常简单。比如你买到了翻番股票，这个时候你应把本金转出来，只用盈利部分炒，就锁定了一年的纯利。

◆ **第十二，永不为了获得一次分红而买进股票**

解析：银行股分红相对比较高，你会去买盘子又大又重的银行股吗？除非你傻。

◆ **第十三，永不平均分配损失，这是交易者犯下的最糟糕的错误之一**

解析：这里讲的是补仓摊薄成本的技巧。就是说在下跌趋势时不要"补仓"，因为越补亏损越大。比如你手中持有一万股，如果补一万就成了两万股，下跌一元本来只亏一万元就成了亏两万元。正确的做法是在止跌上升后补仓。

◆ **第十四，永不因为失去耐心而出市，也不要因为急不可耐而入市**

解析：这里指的耐心即信心。如果你认定大盘受某些突发事件影响，下跌以后还会涨回来，就耐心地等待。同样，受某个突发利好消息刺激大盘高开很多，如果急不可耐而入市，十有八九会被套住。平心静气是交易者必须具备的心态。

◆ 第十五，避免赢小利而亏大钱

解析：纽约有位叫夏皮诺的心理医生，他请了一批人来做两个实验。

实验1：选择有"75%的机会得到1000美元，但有25%的机会什么都得不到"，还是选择"确定得到700美元"。虽然一再向参加实验者解释，从概率上来说，第一选择能得到750美元，可结果还是有80%的人选择了。大多数人宁愿少些，也要确定的利润。

实验2：选择"75%的机会付出1000美元，但有25%的机会什么都不付"，还是选择"确定付出700美元"。结果是75%的人选择了第一选择。他们为了博25%什么都不付的机会。股票是概率的游戏，无论什么样的买卖决定，都没有100%正确或不正确。人性中讨厌风险的天性便在其中起了作用。假如说股票的运动只有上、下两种途径，所以每次买股的盈亏机会各是均等的50%的话，对于一般股民来说，由于人性好占小便宜、吃不得小亏的心理，使得你在股市中赢时赚小钱，亏时亏大钱，它就成了输赢机会不是均等的游戏。股市没有击败你，是你自己击败了自己。

◆ 第十六，不要在进行交易的时候撤销你已经设置的止损单

解析：这里讲的是止损要坚定，养成剁手的勇气。往往一犹豫，亏损扩大就再难下手了。本是最多只亏10%的，就成了亏30%甚至更多。

◆ 第十七，避免出入市过于频繁

解析：频繁交易的坏处，我们在前面专门分析过。简言之：买股时要有自己的计划。是长线、中线，还是短线？如果按计划执行，就不会有过于频繁出入市之说。

◆ **第十八，愿卖的同时也要愿买，让你的目的与趋势保持一致并从中获利**

解析：目的与趋势保持一致讲的是：牛市中盈利预期要足够大；熊市中盈利预期要足够小。如果在赌场，每次下注你都很清楚输赢是多少。运气不好，你下的注全没了；运气好，你也知道赢多少，你没有任何幻想。但在股票市场，你无法预测股票会在某个方向走多远。股票可能翻一倍，也可能翻十倍。由于这种"赚大钱"的可能，你失去了心理防备。带着"赚大钱"的心理入场，你的注会下得很大。如果不幸开始亏损，要接受"亏很多钱"的现实是很困难的。随着亏损金额一天天增加，你的正常判断力就慢慢消失了。直到有一天你终于无法承受过于巨大的损失，断腕割肉——你经受了在正常情况下不会发生的大损失。

◆ **第十九，不要仅仅因为某个股票的价格低而买入，也不要仅仅因为某个股票的价格高而卖出**

解析：股票的价格是由其内在价值决定的。在我们学过的基本面分析理论基础内容中，有这样一个基本规律：价格围绕价值进行波动，两者的差距最终会被市场所融合，价格服从价值和趋向价值。股票的价格高低更是相对的，如果一只股票价格奇高、市盈率也高，这是不值得去投资的。如果一只股票价格奇低、市盈率也低，就可以中线买入，最终价格会向价值靠拢。

◆ **第二十，注意避免在错误时机进行"金字塔式的交易"**

买入要等到股票变得活跃并且突破阻力位之后；同样，卖出也要等到股票跌破派发区域之后。

解析：所谓"金字塔式的交易"，即不要把自己的全部资金押在一个价位上，要分批买进或卖出，这样既能保持你的交易成交价格平均值维持在一较低的水平；又能保障在价格突然翻转之际有应变缓冲的余地。一般来说，大多数人采用一种"金字塔"式的交易方法来达到此目的。

这种交易"金字塔"包括一个基底，而以递减方式往上搭建构筑。但是，并不是说金字塔式的交易方法就不存在风险，构筑金字塔本身也必须讲究策略。在构筑金字塔时，必须在价格大波动之初就建立塔底，然后在自己的交易资金允许范围内尽快构筑完成，这样，可使平均价格水平在自己的控制之下。在确立金字塔的高度时，必须依照交易计划中自己所设定的价格水平逐层构筑。如果无法按自己所设想的方向构建，就必须准备立即清算所有的期约，即使损失一点也在所不惜。

在市场中常常会出现"追高杀低"现象，这是一种易受损失的方法。因为他们建立了"倒立金字塔"：当行情看涨时，一味地加码买进；当行情看跌时，则一味地加码抛出，结果是买高卖低，行情一旦翻转即措手不及，蒙受损失在所难逃。一个正常的金字塔可以避免这种错误，因而是一种稳健的投资策略。

◆ 第二十一，选择小盘股买入，选择大盘股卖出

解析：大盘股由于股性不活跃，除了用于操控指数的机构要去配置、一般投资者应尽量回避。因为小盘股容易上涨，而大盘股容易下跌，易于做空。具体操作的时候，还是应该以自己的喜好为标准。大盘股一般在大牛市中才有惊人表现，前提是成交量一天比一天大，小盘股已经炒上天了。

◆ 第二十二，永不对冲

如果做多的股票开始下跌，不要通过卖出其他股票的方式进行对冲。卖出该股票，认赔并等待下次机会。

解析：孔子说："积善之家，必有余庆；积不善之家，必有余殃。"种瓜得瓜，种豆得豆。炒股也是一样。所有的果都有因。今天是昨天的结果，是明天的原因。有付出才有回报，当股票趋势发生变化，无论盈利或

亏损的股票都应卖出，保住胜利果实并等待下次机会出现。

◆ **第二十三，不要无故改变自己在市场的头寸**

进行交易时，要有某些好的理由或者根据确定的计划；然后在没有确定的趋势变化指标出现时，不要轻易出市。

解析：做股票跟建高楼一样要先有计划：即只在上升趋势确立后再做。上升趋势实际上是由形态和波段组成的，也是由它们共同促进的，形态是走势上升中继的基础，而波段是在这些蓄势的基础上进行上涨。形态和波段作为一横一竖的搭配组合，合作演绎着股市一幕幕上下变盘的悲欢离合。判断股价上升的趋势：趋势线、移动平均和 K 线，这些基本的看盘方法你一定要掌握。

◆ **第二十四，在长时间交易成功或持续盈利的情况下，避免扩大交易量**

解析：能赚能守，才是赢家。大多数投资人，只会做多，因此当股市上涨时，多数都能赚钱。可是赚的钱也要守得住，才能成为赢家。获利维艰，守成不易。底部让一点，头部让一点，中间多吃一点，操作就是这样。做股票要记住两点：一是计划要精细；二是想法要单纯。

我们本着"去除糟粕、取其精华"的原则，解析完江恩的"二十四招"。你会不会觉得江恩的确是一个交易大师，说的都是至理名言。按照这些原则做交易，想亏钱也难！

短线抓牛股实战招数

2019年五一小长假前最后一个交易日,我们分析过的短期翻番牛股红阳能源(600758)以5.81元的跌停价开盘,却以7.10元的涨停价收盘,全天波动达20%。如果你是短线高手,节后就可能赚到不止10%。那么,如何才能成为短线高手呢?下面教你简单的几招:

◆ 第一,涨跌幅榜抓几抓

1. 开盘20分钟后,仔细查看一下涨幅排行榜前2~3屏的个股,也就是至少要查看涨幅大于5%的个股。点开这些股的F10,从筹码、股东、周线、月线、基本面、消息面、所属行业、业绩预增多少等多方位全面分析。

2. 开盘30分钟后,再看量比排行榜前3~4屏的个股,这个版过滤的个股越多越好,刚放量的个股才是好股,一般是量比大于2.5%或2%的就可以了。量比远比换手管用。

3. 上午收盘前,逐一查看换手排行榜前2~3屏的个股,翌日能上涨的股一般是换手大于10%或8%的个股。

4. 下午收盘前30分钟,逐一查看振幅排行榜上振幅大于11%的个股,振幅较大的个股一般是些异动人气股或非常活跃的股,只有股性活的股才会成为大牛股。

5. 下午收盘前15分钟,逐一查看跌幅排行榜最后一屏的个股,了解哪些个股机构在做空洗盘。一般是跌幅大于5%的个股，如果这些个股基本面特别好，可以大胆关注。

我们依照涨幅、量比、换手、振幅、跌幅这5大类特征把个股逐一过滤后，将这些一见钟情的异动股先初步筛选出来，存入自选股票池。

最后在股票池再精选自己中意的"美人"，仔细研究分析，努力找到适合自己的、最最中意的，然后下手！

◆ 第二，行业龙头上抓一抓

短线抓住牛股其实不难，很多牛股就在我们的手中或者就在我们的面前。它们基本上有三大特点：

1. 关注在相对低位首次放量、跳空高开和涨停板这三种情况。这是三个重要的信号，就像标识一样，一般牛股在起涨的初期都会有这样的标识。我们还是以短线曾走得非常牛的红阳能源为例。我们在2019年4月12日5元左右推荐时，该股第一个涨停板就有这样非常明显的起涨信号。

2. 伏击龙头，只做短线爆发力极强的个股。做短线牛股，只做有大资金关照的最强股票，这是我们在牛市中总结出来的一条重要原则。比如：红阳能源公告称，下属子公司红阳资本投资深圳国氢，占其总股本的4.62%。红阳国氢基金投资深圳国氢占其总股本的4.62%，而深圳国氢是氢燃料电池等项目研发企业，这才有了低价龙头的模样。于是，红阳能源在发出起涨信号后，连续拉升，最高涨到了4月23日的8.56元，短期内基本就实现了翻番。

3. 短线抓牛股一定要建立在中线安全的基础上，尽可能地把握爆发的精确时间，比如大盘处在上升过程中。这是对短线操作更高的要求。大盘下踩，短线操作风险很大，只有大盘相对安全，个股才有相对的中线安全性，也就是所谓的"短中结合"。

下面，我来简单分析下短线抓牛股在主要技术、放量、均线以及回调上的特征：

1. 在主要技术上的特征

与大盘的关联，强势股短期往往在大盘转好的时候连续大涨，甚至是短期经常出现暴涨。短期连续涨停的股票是牛股最强的特征。

2. 在放量上的特征

短线牛股往往突然成交量均匀放大，与前段时间比，放量情况比较明显。匀量上升的股票上涨的幅度更大，连续几天出现巨量甚至是暴量的股票，一般都比较短命。

3. 在均线上的技术特征

短线牛股短期不会跌破5日均线。如果大盘出现一次幅度较大的回调，这类股票也不会跌破10日均线，即使跌破了也会很快拉回。

4. 在回调上的特征

短线牛股在上升一段时间后，如果出现一些调整，其回落幅度也不会超过前面上升波段高度的一半。一般是回调到前面上升波段高度的1/3位置。而且，在震荡过程中，一般不采取深幅大阴线砸盘的方法，而以横向震荡的方式居多。此外，即便是出现了短线的深幅下探，也会在短时间内迅速收复，防止其他庄家捡走廉价筹码。总体上看，仍然是保持箱体横向运行状态。

◆ 第三，抓住短线牛股共性

1. 股价超跌

但凡主力相中的牛股，都以股价低、底部拉升暴涨为主要特点，所以，你可以在股价排行中从低价股开始选起。

2. 短线牛股形态

长期横盘，有些个股股价虽然不高，但若属于下跌末期，还没有经历过至少一年的横盘震荡期，也是不具备牛股条件的。横有多长，竖有多高，前人经验之谈，确实经典。

3. 量能是主力最真实的语言

短线牛股量能底部横盘期间伴随的是量能的温和放大或者是间断放量形态，部分价格较高的个股则可能出现在一个阶段性低点堆量上涨的形态，这种形态也不可忽略。请记住，量能是主力最真实的语言，它不能欺骗任何人。主力进场拿筹码，不可能做到完全让市场没有任何察觉和任何反应，因此，量能就是我们吃透主力意图最关键的语言。

寻找短线牛股的几个方法：

◆ 第一，寻找横盘后底部放量的股票

这种股票在横盘一段时间后突然放量上涨，也许初期的阳线并不会很长，但放量就是一种信号，往往在后面会有很好的表现。

◆ 第二，挖坑后的大涨

这种股票往往伴随着利空消息，或者没有消息而莫名其妙下跌，我们称之为挖坑。在挖坑的时候，股价会跌得非常夸张，然后垂直上扬，并突破前期平台狂拉。这种操作手法相当凌厉，很多人会被逼出局外。如果能够耐住性子持股的话，那么收益将会非常可观。比如：红阳能源曾就回调到了 5.85 元，然后，垂直上涨到 7.90 元，涨势非常凌厉。

◆ 第三，回探确认后的大涨

当股价逐步上升后，突破了前期的平台，随即开始调整下跌。比如：红阳能源在 2019 年 4 月 24 日、4 月 25 日、4 月 26 日出现了三根放量跳空下跌的阴线，这个走势与大盘快速下跌是同步的。一方面庄家是在借力大盘快速下跌进行洗盘，洗掉先前的获利盘；另一方面是确认前期突破的有效性。在经过 10 日均线确认支撑后，股价就又开始拉升，在大盘走强时，甚至会再创出新高。在这种走势中，很多人会以为头部成立而被震仓

出局。

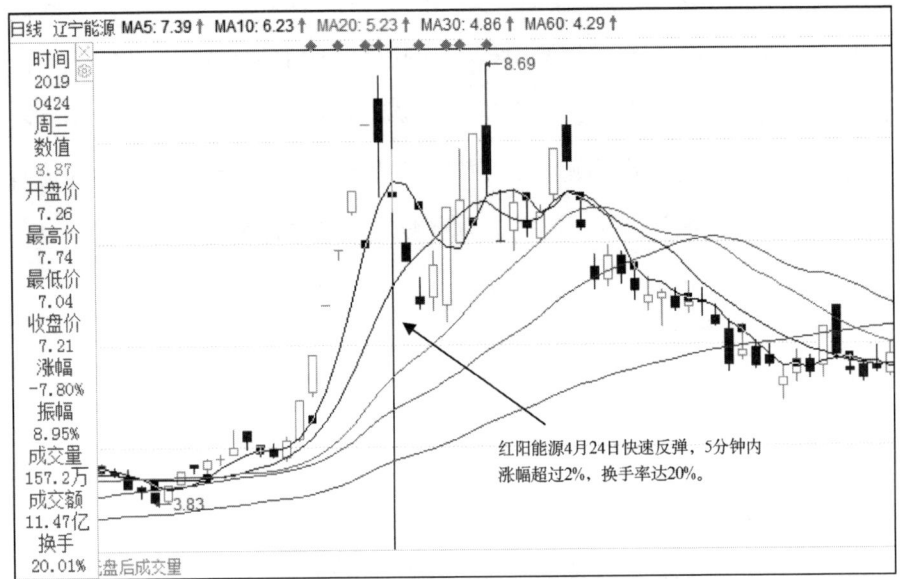

庄家在借力大盘快速下跌进行洗盘——辽宁能源（红阳能源）

短线抓牛股的利与弊：

现在许多人热衷于短线操作，那么短线操作有什么优缺点呢，下面我们来分析下利弊。

我们先来谈谈利：

1．持股时间短，少则一两天，长则七八天，正如麻雀叼食一样，快速移动规避了大幅下跌的风险。大多数人认为股票换手太频繁是危险的，但为了避免失误而接受一系列的小亏损，其结果是高换手率降低了风险。

2．获利立竿见影，免去漫长等待，资本快速增值。

3．充满刺激，能更多地享受赚钱的乐趣。

4．不放过任何一次获利机会，机会成本较低。比如：我们在7元左右分析过的二六三（002467）最高涨到了12.9元，基本实现了短线翻番。不仅抵御了几百点的回调,还使收益最大化了。

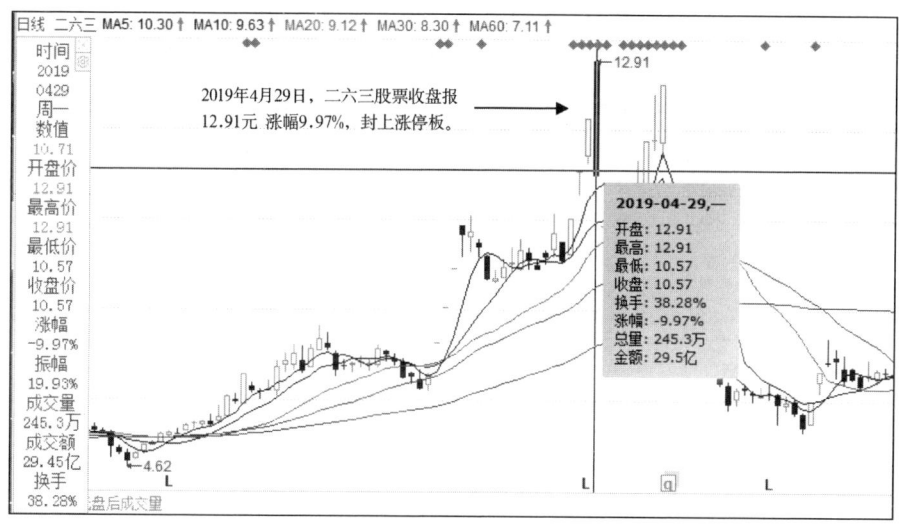

短线获利立竿见影,资本快速增值——二六三

我们再来谈谈弊:

1. 短线抓牛股对专业化知识和临盘实战的操作能力有非常高的要求。

有一句话叫短线高手万中挑一,一万人中才能产生一个短线专业高手,因此短期抓牛股对知识和能力的要求是非常严格的,它要求必须掌握专业化、科学化和系统化的技能。而且在投资规模上短线也受到局限,短线不可能用大规模的资金去参与,只能用小的资金(一般为100万元以下)进行参与,也就是战术级别的投资。大资金在短线技术上受到很大的限制,比如说庄家在盘面对于一个单一的买卖,不允许有超过30%的跟风量,这就是对资金的级别规模的限制,这是短线的另一个缺点。

2. 短线抓牛股对操作者的心理素质和遵守纪律的意志有非常高的要求。我们命名为铁血短线,说明血一样的纪律像铁一样不可更改,这种要求一般人是难以做到的。

3. 具备短线操作的股票的特征是非常态高速行进的。

我们做短线的铁律就是，短线出击非常态高速行进的股票，其内部子浪运行结构安全且无破绽。这是指这只股票趋势必须是向上的，其运行的角度大于 45 度。一只股票运行的速度快慢，以它的 5 日均线和水平线的角度来衡量，45 度属于常态行情，小于 45 度属于弱势行情，大于 45 度属于高速运动行情，大于 60 度的行情属于非常态的高速行情，这就是短线的最佳品种。我们还是以二六三 (002467) 为例，在创出了前期高点 12.9 元后，经过短期回调又快速向上创出了新高。

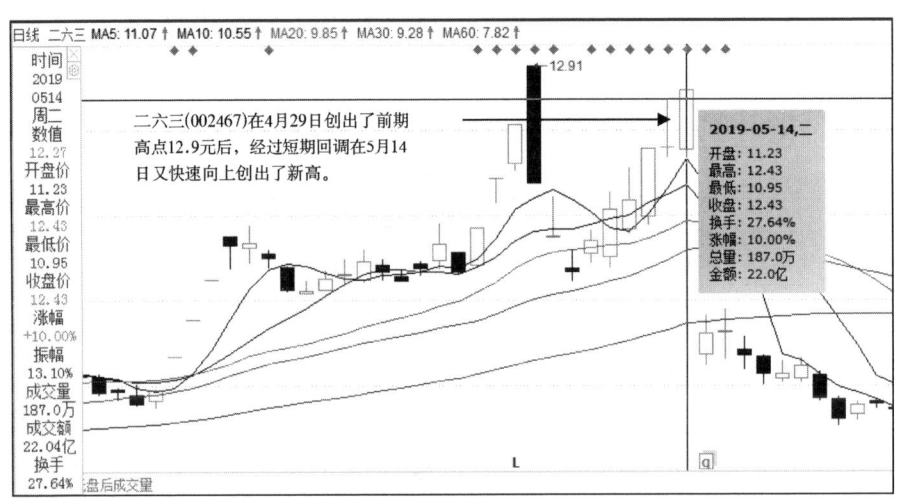

短线出击非常态高速行进的股票——二六三

短线抓牛股要注意三个原则：

第一，领头羊原则

任何一个板块的启动都会选择一到两只领头羊，往往第一个涨停的空间是最为巨大的。我们经常看到一个板块启动，领头羊涨停，同一板块的跟风者不是被套，就是获利空间甚小。

第二，大势原则

任何一个操作都要讲究顺势而为，不可逆市而动。大盘热点起伏时的振荡和调整末端，往往是抓涨停的最好时机，前者适合做短线操作，而后者往往是抓住大牛股的前提条件。

第三，空间原则

涨停板一般最容易出现在突破和加速阶段，如果均线系统没有形成多头排列，不是处于突破和加速阶段，涨停一般没有持续性。只有在突破和加速的空间临界点，主力采用涨停方式，后市的空间才会更巨大。

短线抓牛股要抓刚起涨的最热点龙头：在大盘振荡幅度加大的市况下，大部分朋友喜欢做短线，因为短线见效快。不过也经常会看到有些朋友跟我留言问股，我一看股票名称和代码，就知选的股票很弱而且趋势还不好，根本没机会做短线。短线操作最关键的一条是什么？那肯定是要选主流热点，而且在主流热点里面你要抓住刚起涨的最热点龙头股。那么我

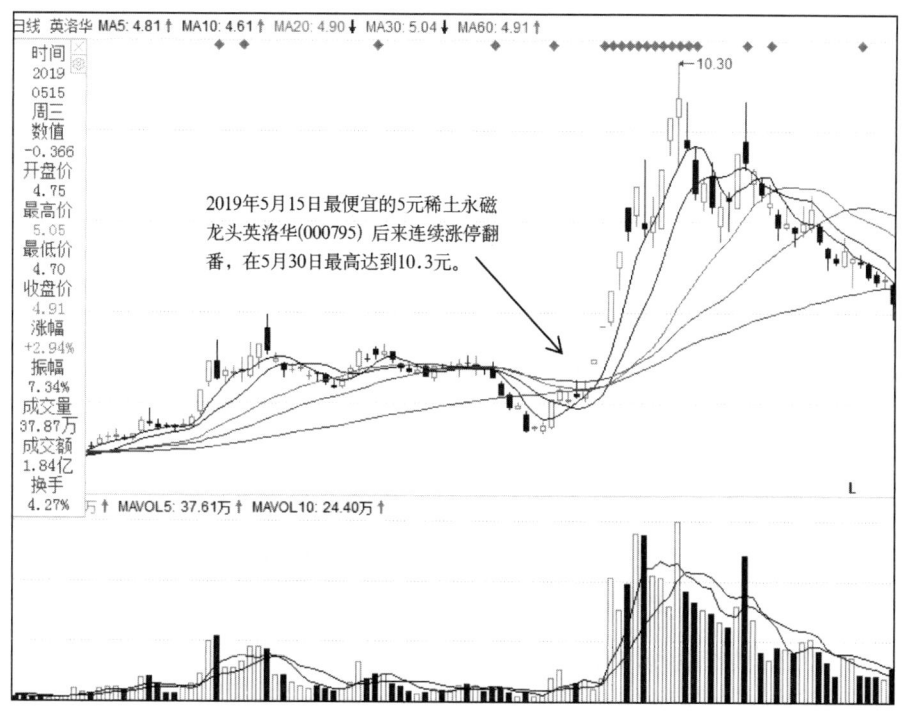

短线抓牛股要抓刚起涨的最热点龙头——英洛华

问一下大家当前什么是热点？很多人会说：稀土永磁。由于中美贸易争端升级，稀土永磁材料已经上升到国家战略高度，可见国家对稀土永磁材料的重视。所以我们说，短线抓牛股要抓刚起涨的热点龙头。比如：我们在2019年5月15日发表在网上的一篇文章《短线抓牛股就这几招（之四）》中提到当时最便宜的5元稀土永磁龙头英洛华（000795），它后来连续涨停翻番了，这些涨停是低开后的涨停，也就是说任何人只要想买都买得到。

抓刚起涨的最热点龙头，要注意三个方面的问题：

第一，起涨的最热点龙头一般波动大，这样机会就多。做短线最怕就是拿着几天都不动，就好比拿着银行股那种大盘股一天享受的基本就是心电图的走势，这种很难做短线，因为没有波动。你即使有再高超的低吸高抛技术也没有用，因为一天上下波动不到1%，你买进卖出只有给券商打工的份。

第二，抓刚起涨的最热点龙头要观察其板块联动效应。龙头也有强弱之分：一般有龙一、龙二、龙三等，只要龙一上涨其他也都会跟着，而且它们一般是有一定的轮动规律，这样短线来说更好把握。

第三，抓刚起涨的最热点龙头一般背后一定是有重大事件。随着重大事件延伸及利好的兑现，涨幅过大后会回现快速回调洗盘，一般心态不好者手头的筹码很容易被洗出去。毕竟散户主要还是跟着主流资金吃肉，如果只喝一点汤就不如不做。

那么，如何才能成为短线高手呢？下面教你简单几招。

如何识别K线中的"骗线"。所谓骗线，就是庄家利用散户经常运用的一些分析方法，进行反向操作。所以，要想在股市中获利，就一定要明白庄家是如何做骗线的。

下面，我们就简单介绍庄家做骗线的方法，相信会对大家今后的操作有一定的帮助。

在移动平均线的实战操作中,"骗线"常常是最令人头疼的事情。按照均线的操作法则,如果均线走平,股价上穿均线,就是买入机会;反之,如果均线走平,股价下穿均线,就是卖出机会。但是实际情况往往并非这样标准化,经常是股价上穿均线一两天后,又回到均线下方,股价继续沿着自己的轨迹往下走;而在上升通道中,股价会经常在外力或者某种不明原因的打压下,跌破均线。而当操作中依照纪律获利了结后,股价却再一次跃上均线,并不断上蹿,使得一大笔盈利如煮熟的鸭子般飞掉。

比如:英洛华在 2019 年 5 月 24 日收出了我们称之为"避雷针"的长上影阴线,这是一个明显的短期见顶信号。其实这是一根"骗线",什么意思呢?主力机构要"骗"出你手中的获利筹码。经过洗盘后还将创出新高。果不其然,后来实现了短线翻番。

对于"骗线",我们姑且保持这样的心理。从这个意义上说,"骗线"是技术分析者的朋友,就是因为有"骗线",所以才吓退了一大批想用技术指标赚钱而又对技术指标一知半解的投资者。在技术指标面前,也应验了马克思主义哲学思想的闪光点——唯有不怕崎岖、不怕失败的探险者,才能最后在投资的宝山中收获劳动的果实。从这点看,"骗线"应该是我们的朋友,琢磨骗线,战胜骗线,最终在投资中享受征服骗线带来的快感,才是每一个技术分析者应有的态度。

事实上,实战运用中,有起码 60% 的"骗线"是可以用各种各样的方法规避的。如果刨去可以规避的"骗线",剩下的那些"骗线"造成失误的比例,将大大降低实战的危险性。从这个意义上说,平均移动线理论还是一种非常可取的技术分析手段。

规避"骗线"的三条原则:

第一,我们可以用短期平均移动线和长期移动平均线的关系来排除一部分骗线。

实战中可用 5 天移动平均线和 30 天平均移动线的交叉(俗称"金叉"

和"死叉")来进行操作，如果5日平均移动线上穿30日平均移动线，就是买入信号，如果5日平均移动线下穿30日平均移动线，就是抛出信号。

第二，利用"气场"环境帮助我们大致判断大盘走势。

我们每天在股市中的操作不可能处于一个很封闭的环境中，会接受各方面的信息，会对我们的情绪产生一定的影响，尤其是在信息充分发达的现代社会。在这些信息包围中，可以形成一股我们姑且唤作"气场"的信息环境，这种环境在很多场合可以帮助我们大致判断大盘走势。如果这个气场明显和移动平均线所显示的信号相背离，那么，我们还是有机会按照基本面进行一定修正的。

第三，"纠骗法"。

我们通过对中国股市热点强弱作反复研究，从中找出四个最容易涨停的关键因素，即：①突破上升压力位置；②突破重要颈线位置；③突破上升通道上轨线；④均线多头下的挖坑位置。这些位置也是"骗线"高发区，一旦进入这个区，要提高警惕。

在一两个很清晰的买入或卖出信号出现后，往往会出现好几次"骗线"。

英洛华这种"骗线"让许多散户感到很无奈，刚抓住了稀土热点，一买进去风向就转成了芯片，刚刚痛下决心止盈或割肉出局，前期热点个股又像开玩笑似的扶摇直上了。那么，散户有没有一种安全而赚钱的炒法呢？有！就是波段操作法。

为了使波段操作更安全，选股的时候必须注意并严格遵守四项基本原则：

第一，只选取主要趋势向上，正处于上升通道的股票进行操作，决不理会趋势明显处于下降通道的股票；买进时最好选择在主要上升趋势良好，在中级上升趋势向上的拐点刚刚出现的第一时间介入，个股长期在低位横盘的股票，在放量向上启动的第一时间介入是比较安全的。

第二，大盘是个股的风向标，买进卖出时必须注意大盘的脸色。大盘的主要趋势和次要趋势均朝下时最好停止波段操作，但确实有中长期上升趋势的个股，可以轻仓买进。如果买进时整个大市处于大跌的时候，一定要暂停这种操作。不过，大市大跌短期见底之后，你瞅准机会迅速来一下波段式操作，所赚到的必然更丰厚。

第三，只买进和持有在底部刚刚启动，或者刚刚脱离了底部区域的股票，但对于短时间内股价已经翻倍的股票，原则上不参与；个股的庄家只有经过充分吸筹和洗盘后，才会大幅度地拉升，绝对不要参与各种不确定的刚刚开始调整的个股。

第四，努力学习技术分析理论，不断提高自己的分析、研判水平和实战能力，信心十足才会心态良好、情绪稳定，才会从图形中读懂一般技术分析者难以破解的信息。

从美锦能源短期翻番，看如何抓行业龙头股

在股市中，"擒贼先擒王"的意思就是擒住行业龙头股。所谓龙头股指的是某一时期在股票市场的炒作中，对同行业板块的其他股票具有影响力和号召力的股票，它的涨跌往往对其他同行业板块股票的涨跌起引导和示范作用。比如：我们在低位分析过短期翻番的 5G 龙头东方通信、猪肉龙头正邦科技、传媒龙头人民网，等等。

2019 年 3 月 25 日，有投资者在微博中问我：氢能源板块的个股有哪些？我当时列举了 8 只左右，并重点分析了其龙头股美锦能源。我当时是这样分析的：美锦能源拟投建氢能汽车产业园，预计总投资 100 亿元；美锦能源公告，公司与嘉兴管委会 3 月 23 日签署了《美锦能源氢能汽车产业园合作框架协议》，拟成立氢能产业联盟，在嘉兴市秀洲区投资建设美锦氢能汽车产业园；产业园总体规划用地 2000 亩，预计总投资 100 亿元。前景可期，但当时美锦能源的价格仅 6.6 元左右。翌日，它跳空高开后，收出长下影（也就是说当时任何人想买都买得到）的涨停板阳线回补了向上跳空的缺口。后来，美锦能源涨到了 14.19 元，实现了短期翻番。

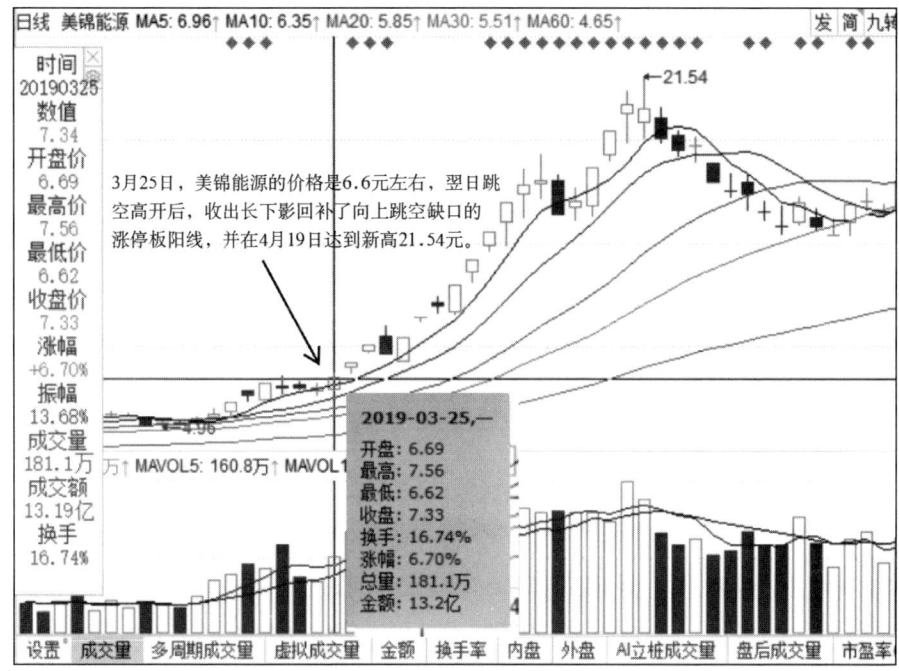

在股市要擒住行业龙头股，实现短期翻番——美锦能源

下面，我们就来看看行业龙头股有哪些特征：

◆ 第一，龙头股必须是在某个行业具有垄断地位的龙头

比如：美锦能源公司主要从事焦炭及其制品、煤炭、天然气及煤层气等生产经营，拥有"煤—焦—气—化"比较完整的产业链，是国内最大的焦化企业之一。在国家"脱碳入氢"的节奏中，前端基础设施和氢气制备必然领先其他环节优先发展，而美锦本身就有大量副产氢，且通过与优质电堆企业国鸿合作成立锦鸿氢源，参与加氢站建设和前端设备研发制造。此外，氢燃料电池汽车等也已成为公司新的产品类型。美锦能源3月27日在互动平台上回答投资者提问时表示，公司十分重视氢能源业务，会加大这方面的投入和发展。因此，该股是氢能源行业的绝对龙头。

◆ 第二，龙头股必须从涨停板开始

涨停板是多空双方最精准的攻击信号，不能涨停的个股，不可能做龙头股。美锦能源从 3 月 26 日开始涨停，主力资金高举高打吃货，你卖多少我吃多少。俗称在低位通吃。如果投资者错过了龙头股启动时的第一个涨停买入机会，或者投资者的研判能力弱，没能及时识别龙头股，则可以在其拉升阶段的第二个涨停板打开后追涨，通常龙头股的第二个涨停板比较安全。龙头股回到第一个涨停板的超涨点，后面必将梅开二度，此时买入比在第一个买点买入更稳、更准、更狠。因为拉升期后面还有 N 个涨停，直到股价翻番。

◆ 第三，龙头股通常早于大盘启动

龙头股通常在大盘下跌末期，市场恐慌时，逆市涨停，但龙头股会提前见底，或者先于大盘启动，并且经受大盘一轮下跌考验。技术上日线、周线、月线 KDJ 同时金叉，我们称之为三线金叉，说明该股主力有备而来。大资金要将股价翻番进行到底！

◆ 第四，买入龙头股后的持有周期一般不要去做短线

持有龙头股同期做短线很容易就被机构洗出去了。我们常说的中线持有就是这个道理。强势市场与弱市或平衡市中龙头股的表现差别较大，弱市或平衡市中，强势股的行情比较短暂，不可有过高预期。强势市场中龙头股目标最少都是翻番。龙头股若在翻番后出现放巨量的长上影线或反复振荡，说明主力资金目标已经达到，开始兑现利润了，这时要寻找好高抛的机会，并严格执行止盈纪律。

炒股授人以渔的三招

授人以鱼不如授人以渔,出自《老子》一书,说的是传授给人既有知识,不如传授给人学习知识的方法。道理其实很简单,鱼是目的,钓鱼是手段,一条鱼能解一时之饥,却不能解长久之饥。如果想永远有鱼吃,那就要学会钓鱼的方法。

先看我原创的一个关于股市的幽默段子:今年炒股老是亏,待着没事,我跑到峨眉山求签。高僧问我:"一根钓鱼竿和500斤鱼,你选哪个?我说:"我要500斤鱼。"高僧摇头笑道:"施主肤浅,鱼吃完了就没了,鱼竿可以钓很多鱼。这个道理你懂吗?"

我说:"你懂个啥,我们那里,500斤鱼可以卖2500元。鱼竿100元一根,买10根,再拿1000元请10人帮我钓鱼,500元买个麻将桌约几个朋友打牌,一边打麻将,一边守着钓鱼的人,鱼钓了,娱乐了,钱也挣了。"

高僧:"你是哪里的香客?"

我说:"梧鸣县的。"

高僧:"阿弥陀佛……贫僧不想和你这梧鸣县人说话,小小破县城,房价都过万了,工资收入没涨一分。你还是回去炒股继续亏钱吧。"

……

散户如何做到在弱市中炒股不亏钱?下面这三招你一定要牢记:

◆ 第一，量力而行

股票投资是需要资金的，由于我国沪深股市尚处于弱市阶段中，股市处于经常性的暴涨暴跌之中，其投资风险远远大于储蓄存款和国债投资。因而，散户应全面地衡量一下自己的能力、财力、精力和心理承受能力，以确定自己买多少股票。坚决做到不融资炒股，不加杠杆炒股，更不要卖房炒股，否则会使你快速返贫，万劫不复。

◆ 第二，洞悉个股的基本面

长期而言，股票的价格决定了公司的盈利能力。虽然引起股价增长的因素很多，但最重要的是盈利及盈利增长。这个理由是明显的，不赚钱的公司你去炒就意味着亏钱。

下面让我们看看三个最重要的影响股价的因素：

1. 盈利的增长

一个健康、发展迅速的公司，其盈利必定逐年增长。这个增长的速度越快越好。一个公司的盈利若能以每年30%左右的速度增长，那么三年就能将盈利翻一倍。盈利增长的速度必须建立在合理的基础上。上一年每股赚了1分钱，今年赚了2分钱，盈利增长了100%，但这个数字是没有意义的。如果公司的盈利从每股0.5元升到1元，这个100%的盈利增长定将使你眼前一亮。

2. 看主业

看主业最主要是看主业是否突出，主业利润是否有足够的空间。不但看主业的毛利润空间，还要看净利润空间有多大。要特别关注公司的主营业务构成和主营业务的利润率情况。

3. 看盈利

对于投资者而言，不仅要动态分析公司盈利能力变化，还要把握公司盈利能力的高低，看看公司的盈利是不是纸上富贵。通常说来，公司的盈利能力如果年度指标出现下降，往往是公司中长期经营转向劣势的标志。

当公司盈利能力下降时，需要特别关注公司的规模是否扩大，是否能够保持总利润或者净利润不变。当公司盈利能力上升时，一般要消除偶然因素及季节性因素的影响。

◆ 第三，看主力资金的控盘力度

几乎所有的牛股都是主力资金高度控盘的股票，一盘散沙似的股票永远牛不起来。控盘从三个角度来分析：高度控盘、中度控盘和缺乏关注。高度控盘是投资人较为熟悉的概念。高控盘按传统理解就是庄股。最近几年庄股纷纷爆仓，投资人往往是谈庄色变，其实对高控盘公司也要区别对待，有基本面支持并且是阳光资金持有的可以长期关注，大波段操作。有基本面支持的高控盘公司往往也是每轮行情的发动者；中度控盘的公司，往往是行情的第二冲击波；对于缺乏关注的公司，要判断它是否有基本面的支撑。看控盘要关注股东的人数、人均持股的数量，以及基金持股和十大股东的情况。

这就是前面高僧讲到的买鱼竿比买鱼更能赚钱的道理。

四招助你如何变被动解套为主动解套

在股市中，套牢是正常的，不套牢才不正常。问题是套牢后是主动解套，还是被动解套。比如：股票跌破了重要支撑线，你抱有侥幸心理吗？当股票一路往下，你会一路期待股价反弹吗？不止损、不在低位进行汰弱寻强吗？如是，你炒股还有很长的路要走，因为股票破位应离场。主力绝对不会让自己的股票随意地破位，因此面对他们出完了货或大股东清仓式减持形成的破位，你一定要丢了幻想，在第一时间坚决离场，否则，就会越套越深。下面四招或许对你解套有所帮助。

◆ **第一，整合账户结构**

通过对很多股民朋友调查，我发现很多朋友资金不多，但是买的股票可不少，有的朋友20万元的资金，股票账户竟然高达10只以上的股票，还说"鸡蛋不要放在一个篮子里"，可以分散风险。但是账户中的股票一看都像是一个娘生的。此话怎讲？要么是同一个属性的，比如大盘股或小盘股；要么就是同一板块，比如前期热炒过的氢能源或稀土。我实在看不出这和把鸡蛋放进同一个篮子有什么区别，而且这些个装蛋的篮子底还是漏的。所以，对于这类朋友，整合账户结构，是重中之重。

1. 账户中同类型、同行业股票只留一个最好的，其余全抛出归拢。

2. 账户中零头股应出局，因为零头股的涨跌无关痛痒。零头股即持仓量最少的股票（一般只占整个账户市值的5%以内）。

3. 账户中亏损股、问题股必须出局，这样的股票当断不断，反受其乱。

4. 账户中市盈率高的股票，应考虑出局。因为市盈率高的股票风险很大，意味着价格高或有爆雷风险。目前股市平均市盈率为 18 倍，高出 1 倍以上的视为目前市场高市盈率股票。

通过以上账户结构整理，将资金转换到一两只基本面好、成长性高的半年报预增优质股票上即可完成整合账户和集中资金。

资金量对应的合理持股只数：资金量小于 10 万的，最好不超过 2 只；资金量大于 10 万的，根据自己喜好控制在 2～4 只为佳。持仓要讲究立体性，投资和投机结合，短线和中长线结合。

◆ 第二，波段操作，摊低成本

对于满仓、重仓被套的朋友，在通过以上账户整合后，围绕手中持有的股票，以一定仓位比例，结合大盘的波动做高抛低吸，以此摊低成本。切记，不是让你频繁做 T+0，而是根据大盘的波段起伏的高点和低点而定。

不同仓位高抛低吸的仓位比例：对于 70% 仓位的朋友，可以 30% 的仓位高抛低吸，摊低成本；对于 80% 仓位的朋友，可以 20% 的仓位高抛低吸，摊低成本；对于 60% 仓位的朋友，可以 40% 的仓位高抛低吸，摊低成本。由于高抛低吸需要把握好股指的高低点，需要一定的经验和技术，所以，对于技术良好的朋友可参考以上仓位比例操作，对于技术不熟练的朋友，波段操作需要谨慎。

◆ 第三，底部换马，汰弱寻强

对于手中所持股为基本面差、成长性差、无热门题材的"三无品种"，那么可考虑采取底部换马、汰弱寻强的操作策略。如果股指在底部横盘震荡，业绩预降股不管白马、黑马都一律下挫，对于手中的"三无品种"没有投资价值可言，就算股指反弹，反弹力度也很弱，所以，根据你所持股的价位找寻一只价值相差较近、被错杀的价值股进行底部换马，这样在反弹或上涨中，才可能较快地挽回或减小损失。

底部换马的方法：首先，通过基本面和成长性确认自己手中持有股为弱势股或强势股；确定后，找寻价格相近的、基本面好或成长性好、市盈率低、市净率低、符合热点等的价值股，然后进行底部换马。基本面主要看每股收益和每股净资产及成长性：市盈率＝每股市价／每股收益；市净率＝每股市价／每股净资产。大家可以算出市盈率的高低，目前个股市盈率以低于15倍算低，低于10倍的算很低；市净率低于2倍的都算较低的。现在很多个股炒作是不看市盈率的，但炒过之后都会回到市盈率上来。

◆ 第四，少看盘多复盘

在行情看不清楚时，少看盘多复盘，复盘主要是两个目的：一是寻找可以底部置换的交易目标；二是保持对市场的感觉。如何通过复盘来找到可能交易的目标，这和每个人的交易模式密切相关。不同的交易模式需要不同的复盘方法。比如，以做波段操作为主的，复盘会把握趋势的运行轨迹；做热点消息题材的，就要非常关心每天的消息面；还有做价值的，就得分析宏观和与行业相关的资讯，看近期市场的状态，热点板块和活跃的股票有哪些，看涨跌幅榜，分析涨跌停原因，寻找背后的逻辑。分析涨停的原因，判断这个逻辑对市场的影响和延续性，是否有潜在的补涨机会。跌停的当然就只有避雷了。通过静态的复盘，对当天的市场做一次回顾，对市场可能的机会做预判。制订好计划，准备执行。

从"面"到"点"捕捉中线牛股

有投资者在私信里对笔者说:"你在低位分析的与华为战略合作的5G概念股硕贝德创出新高了。这只股也成了我2019年下半年大盘调整中抓到的赢利最大的一只中线牛股。你说过:'会买的是徒弟,会卖的是师傅。'我不知道什么时候卖,你能不能专门写一篇,比如中线牛股的买点和卖点的技术特征及其他看点?"

在这里,笔者就根据这个投资者的问题,从"面"到"点"谈谈如何抓中线牛股。这里的"面"即基本面;"点"即技术上的买卖点。

◆ 第一,中线牛股的买点要"三看"

中线牛股一般有一个热门的题材,当前最热门的无疑是科技中的5G概念。比如:某公司公告说它是华为mate 30系列手机的天线供应商之一。同时,中线牛股应该业绩无忧。又比如硕贝德公告:2019年上半年,公司实现营业收入8.5亿元,同比增长2.33%;净利润9138.25万元,同比增长174.15%;扣非后净利润3221.05万元,同比增长21.02%。报告期内,5G建设的提速带动了相关产业链的需求,公司积极布局基站系统侧、车载侧的天线技术和产能,有利于公司在5G的时代抓住市场机会,迎来持续性增长。

通常情况下,一只中线牛股绝对不会只有几天的行情,它会不断上涨,往往是涨一波后回落一段,然后继续上攻。如果是一只大牛股的话,甚至会出现翻番的涨幅。中线牛股技术上的买点：一看"黄金三叉"。这是指个股股价在长期下跌后，开始企稳筑底，我们称之为白菜股或三低股。这类优质超跌股股价缓慢上升，这时往往会出现5日与10日均线、20日均线以及MACD均出现黄金交叉。稳健的投资者可在发现个股股价走势在底部形成"黄金三叉"时分批买进，等待上升形态确定之后，再加仓中线持有。二看均量线。短期、中期均量线的金叉表明市场人气得以进一步恢复，场外新增资金在不断进场，从而使量价配合越来越理想。量比是指当天成交量与前5天的成交量的比值。量比越大，说明当天放量越明显，这也证明了该股得到了投资者追捧。所以，量比靠前的个股有比较稳健的买点。三看在大盘趋势中是否能独立前行。中线牛股往往走势独立，不太理会大盘趋势。比如：硕贝德在大盘调整时一直站在60日均线上方运行，每一次调整都没有破过60日均线。所以，每一次回调到20日均线就成了最佳买点。

◆ 第二，中线牛股卖点要三看

中线牛股技术上的卖点就是：中线牛股由于有大资金介入，股价进入拉升期后，随着股价的推高，在底部买入股票的中线投资者获利丰厚。在这种赚钱效应的刺激下，场外投资者不断介入，推动股价逐步上升，并最终爆发一轮气势磅礴的多头行情。当股价涨近翻番时放量滞涨，这时就要看以下三点：一看技术上出现见顶头部特征，双头、倒V头、头肩顶或复合头出现。这些头部特征伴随着巨大的成交量，说明机构在对倒诱多出货。市场上有"底部百日，顶部三天"的说法，说明机构获利后全身而退的难度。这时你要先于机构卖出。二看这只股票从无到有，即你有、我有、他也有（筹码在分散）。媒体、网站、论坛都有它的身影，机构频频在高位推出重量级推荐报告（配合主力机构出货）。利好消息满天飞，业绩如何好，题材如何好，等等。这时你就应该毫不犹豫卖出。三看技术上空头排列。当股价已经过数浪上升，涨幅已大时，如5日移动平均线从上向下穿 10 日移动平均线，形成死亡交叉时；在 K 线图上，如在高位日 K 线出现穿头破脚、乌云盖顶、高位垂死十字星，或周 KDJ 指标在 80 以上，形成死亡交叉，股价从高位向下跌破 60 日均线时，你再死捂住不卖，持有几个月所赚的利润很快就被吞噬掉了。

我们从"面"到"点"多方位分析了中线牛股买在低位、卖在高位的技巧，接下来你就可以从上市公司公告中去挖掘中线牛股了。

如何在超跌优质股里挖掘大牛股

常读我文章的读者都知道，我们在个股分析里谈到的九成都是超跌低价优质股。最近我一直在思考一个问题，即"投资股市，我们靠什么赚到钱？"对于这一问题，现把我思考的过程整理出来，与大家一起探讨。

投资股市，有以下三种方式可以获得超额投资利润：一是买入腰斩的股票；二是卖出翻番的股票；三是获得企业内在价值的增加值，比如：低价公司或被举牌脱胎换骨的重组转型。

◆ 第一，买入腰斩的股票

所谓买入腰斩的股票，即"折价买入股票"，是指当股票价格低于当时的内在价值时，我们就可以以一定的折扣价格买到股票。折扣越高，买入股票获利的可能性越高，投资价值越大。巴菲特说：购买具有足够安全边际的股票就构建了一条保护我们投资的护城河。巴菲特关于价值投资观念的核心是"以40美分的价格买进1美元的纸钞"，就是"折价买入股票"的一个生动描述。巴菲特在以内在价值的三分之一甚至于四分之一的价格买入中国石油就是一个经典案例。

出现折价买入股票的情况有两种：一是当股票市场发生系统性错误的时候，如出现熊市的时候，股票普遍具备一定的折扣，提供了一个投资买入股票的好机会。另外一个是因特殊性事件导致一个企业或者一个行业被低估，这个企业或者这个行业的股票就具备一定的折扣。尤其是突发事件发生时、企业的盈利能力没有太大影响的时候，就提供了另外一个买入股票进行投资的好机会。从股票走势来分析，股票经过一段时间的下跌，主力逐步开始吃进。吃进的筹码第一步是用来砸盘的，主力利用大势不好的机会，不断抛售初期吃进的少许筹码，通常借助大盘大跌的机会，主动性抛售几笔大单能够诱使盘中杀跌资金恐慌出现，等到股票价格跌到主力看好的价格位置再横盘吃进一部分筹码。当盘中浮筹不够的时候，主力还会拉高股价到一个新台阶继续吃进，这时不买就没机会了。

◆ 第二，卖出翻番股票

所谓卖出翻番股票，即溢价卖出股票。"溢价卖出股票"是指当股票价格高于当时的内在价值时，我们就可以以一定的溢价卖出股票。溢价越高，卖出股票获得的利润也就越多。溢价卖出股票的情况也有两种：一是当市场发生系统性错误的时候，也即出现牛市的时候，股票普遍具备一定的溢价，提供了一个卖出股票获利的好机会。另外一个是因特殊性事件导致了一个企业或者一个行业被高估，这个企业或者这个行业的股票具备一定的溢价。尤其是在企业的价值被严重高估的时候，就提供了另外一个卖出股票获利的好机会。比如：我们之前在低位分析的东方通信、正邦科技、人民网等股价翻番又翻番，当然应该无理由卖出了。

◆ 第三，获得企业内在价值的增加值

所谓获得企业内在价值的增加值，即低价公司或被举牌公司脱胎换骨的重组转型。比如2019年3月12日我发表在网上的一篇文章《拼多多给投资者的四大启示》一文中分析的云赛智联（600602）孵化科创"云赛空间"。当时的股价只有7元出头，几个交易日就创出了11.60元的新高。云赛智联作为上海的"老八股"之一，于2016年重组更名云赛智联。随着上海国企深化改革，"老八股"抓住"新机会"，转型为以云计算与大数据、行业解决方案及智能化产品为核心业务的专业化信息技术服务企业。

之前，其股价从 15 元跌到了 5 元，腰斩了又腰斩，已经跌到巴菲特说的"以 40 美分的价格买进 1 美元的纸钞"的时候了。

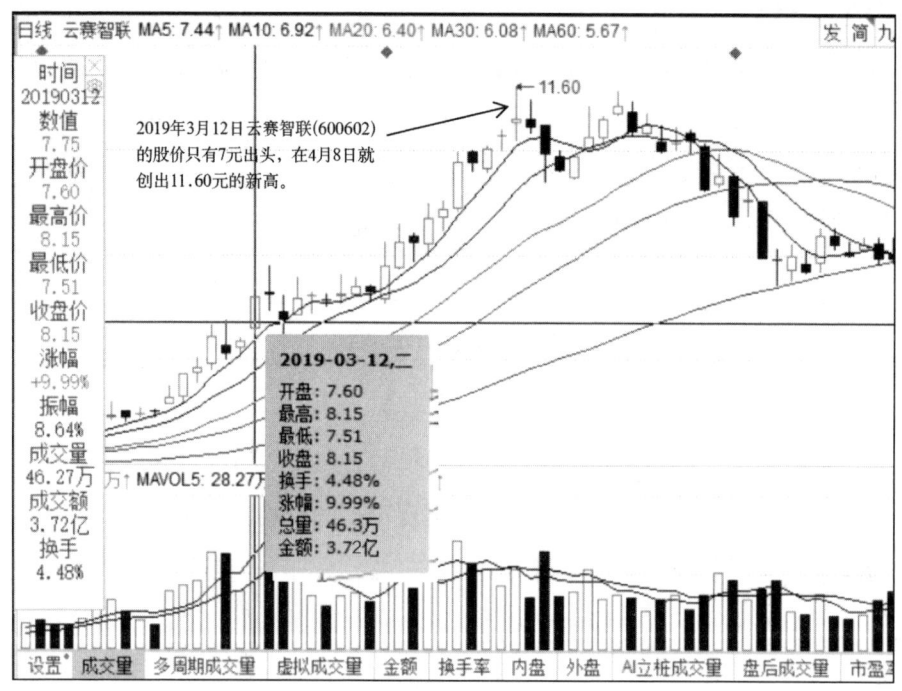

"老八股"脱胎重组转型获得增加值——云赛智联

具体的实战操作如下：

◆ 第一，严格选股

选择长期超跌、具备内在价值、高成长性的企业是我们投资的首选，是根本，同时这也是我们可以把握的。只有那些高质量、高成长性的企业才能给我们带来长期可观的回报。

◆ 第二，低买高卖

在股票价格低于其内在价值时买进，在远高于其价值时卖出。

这样可以提高我们购买股票的安全边际，提高我们的投资回报率。

◆ 第三，持有"钻石"起跃股

对于内在价值在长时间内具备高成长性的那些严重超跌的企业，就是非卖品，一旦遇到，可终身持有。

这样可免去我们不断跟踪市场、发现时机、买入卖出之苦。尤其当你的资金量比较大的时候，由于心理因素，一旦卖出后股票开始拉升了，可能很难有胆量再去追高买回来。

如何抓住改变趋势的"拐点"三招

世界上没有只跌不涨的股市。索罗斯说过，凡事总有盛极而衰的时候，大好之后便是大坏。大坏之后是大好，要认清趋势转变，要点在于找出转折点。

索罗斯所指的转折点，即我们所称的改变趋势的"拐点"。趋势，就是指股市在某一特定周期内价格的变动方向（或运动方向）。趋势的方向，分为两种：上升趋势、下降趋势。每一个人都知道，在上升趋势中买入股票很容易赚钱，在下降趋势中买入股票很容易亏钱，故什么时候买非常重要。从下降趋势改变为上升趋势通常有一个明显的改变趋势的"拐点"。拐点的概念来源于通道理论，任何一段上升趋势或下降趋势，都可以假定它在一个小的通道当中运行，价格运行趋势局限于两条平行线之间。要把握住市场的趋势，就要随时关注市场的转折点——拐点。拐点，是指趋势改变的转折点。对于如何识别"拐点"，我们主要应用以下三招来判断：

◆ **第一，要关注宏观面与政策面的变化**

宏观基本面是制约股市走势的最基本因素，政策面则是影响股市的直接因素，因而投资者对此必须保持高度关注。证监会副主席方星海在天津达沃斯论坛上表示，目前的中国股市状况不同于往年，我们非常放心，我们没有看到股市中散户强制平仓的风险。既然方副主席都表示非常放心，就说明政策面对股市的态度有了微妙的变化。应该说，方星海副主席的

"非常放心"是有一定道理的。

◆ 第二，要关注市场增量资金的入市意愿

资金运动是股市的本质，缺乏新增量资金介入的股市很难有上涨的想象空间，而增量资金的介入将会直接表现在市场成交量方面。在下降趋势中，量能上的鲜明特点就是成交量的不断减少，表现为常常以一种缩量上涨或无量反弹的形式，草草结束反弹后又再创新低，然后继续沿着原有下跌趋势运行。这种量能上的不配合揭示了增量资金入市并不积极，因而市场比较容易形成下跌中继平台。而真正的"拐点"形成，最典型的特征就是成交量的持续放大。

◆ 第三，要关注技术分析方面的因素

在均线系统方面，上升趋势往往受均线系统的压制作用比较明显，一旦股市稍有上涨就会触及多条均线构成的阻力区，导致大盘无功而返。为什么我们强调60日均线的重要性？60日均线是趋势的"拐点"线，是大盘的生命线。60日均线作为短期波段操作的利器：股价突破60日均线，通常是中级反弹的启动信号；而股价跌破60日均线，就意味着中期行情看淡。

行情如果站上了60日均线，并且在60日均线上方运行，则进入多头行情，也说明该股处于上涨趋势，每次回调到60日均线不跌破就是最佳介入点。相反，行情在60日均线之下则是空头行情。如果60日均线斜向下运行，就说明该股处于下降趋势，每次上攻反弹不能突破60日均线，就不要轻易进场。

60日均线在实战中起到了支撑（压力）作用。上涨趋势中，60日均线作为上涨趋势支撑线，每次跌到60日均线附近，出现止跌现象，就是最佳介入低点。相反，在下降趋势中，60日均线作为下降趋势的压力线，每次反弹到60日均线都不能有效突破则是卖出高点位置。另外要注意的

就是，60日均线作为上涨趋势的支撑线，跌破之后趋势破位，可能就会变成压力线。如果5个交易日内不能反弹回到60日均线，那60日均线就成为下降趋势的压力线，不放巨量甚至天量进行突破，一般很难再出现突破行情。由于60日均线走势依然为斜率向下，没有拐头上翘，因此突破反而是卖出股票的时机。

投资之路本是学习之路，所以得克服此处短视近利的想法。在市场上做正确的事，机会只会给有准备的人，我们了解了前面识别"拐点"的三招，当交易机会到来时，你才会稳稳地抓住。

三招教你避开K线骗线的误区

俗语说，外行看热闹，内行看门道。对于一般投资者而言，看到千奇百怪的K线，并没有什么区别，但是对于一个久经沙场的投资者来说，则会看出其中门道：有的K线一出现，就会使人眼亮，让人激动！有的K线一出现，就会使人沮丧。K线就像一部难以破译的密码，藏着许多机关，你必须去破解它。K线不是简单的符号，它里面既藏着"黄金"；又藏着"地雷"。我们结合经典实战案例具体分析个股，绝对让你能有效地挖掘到"黄金"，绕开"地雷"。

同样，解读K线图的时候，你必须知道哪根K线是真实可信的，是具价值含义的，如果读不懂，就会因误读或被骗线而输钱。因为K线会发出明确的见底、见顶、横盘或警示性见顶、警示性见底等重要信号。投资者必须知道，同样的一根K线，它们会发出不同的信号：一种告诉我们是下跌中继，股价还要继续下跌，应卖出股票，回避风险；另一种则告诉我们是突破上行，已有做多力量进场，可大胆抄底了。如果读懂了这些K线信号，在研判行情和具体操作时就会易如反掌。

然而，在K线的海洋里，有着数以百计、千计的K线，要全部弄个明白，不是件易事。在实战中，我们只要择其主要的弄懂就够了。就像盖一栋大楼，有钢筋大梁框架。我们只抓住框架般重要的K线，对于砖瓦般的次要的K线就可忽略不计。

散户看 K 线的最大误区就是：习惯看日 K 线，而不愿意看季 K 线（三个月 K 线，也称牛熊识别线）。因而，炒股也就习惯依据日 K 线，忽视季 K 线，这是最大的误区。下面就其原因、危害等，我从三个方面谈谈应该看什么 K 线：

◆ 第一，不要只看日 K 线

打开炒股软件，电脑屏幕上自动显示出来的就是日 K 线级别的图形。这是一个设计缺陷，几乎所有的炒股软件都是这样设置的。人们使用软件时间一长，也就自然成习惯——只看日 K 线图，有的也看看周 K 线、月 K 线，而看不到季 K 线。只看日 K 线图的最大危害就是可能选股选择了大熊股。由于屏幕原因，在日 K 线页面上，有些熊股不太容易看出来，依照日 K 线炒股就可能发生重大偏差，如果无意中选中大熊股，则很容易造成亏损。

◆ 第二，用季 K 线判断牛股或熊股

季 K 线的重要性在于：它是判断牛股或熊股的最重要指标，这点必须牢记。季线也是中长期上升通道或下降通道"画线"的最重要的依据。只有看季线图，才能清楚看出某股票是不是牛股或熊股。比如：问题股乐视网在高位日 K 线上连续收出了 10 根阳线，而季 K 线却是一根放天量的大阴线——这明显是被套机构拉高出货之杰作。从 16 个交易日最大涨幅达到了 68.8% 的激情澎湃，到被 200 多万手抛单摁在一字跌停板上动弹不得的空虚寂寞，这"浪漫"而又"狗血"的剧情，着实给 A 股市场跟风追高的散户血的教训。

◆ 第三，把握选股看线的正确次序

我们认为，散户选股的正确次序是：要先看季 K 线、月 K 线、周 K 线，然后再看日 K 线。虽然麻烦点，但这样才不至于被短期表象所迷惑。K 线图并不是机械的图形，它是有生命力的，它会用独特的语言告诉你，

下一步该怎样做。一般来说，如果季 K 线出现阳 K 线组合，可以考虑顺势而为；而如果是在高位出现阴 K 线组合，则要认真观察，小心为上，特别要提防主力借此形态骗线出货。

由于主力机构的进场建仓和出货离场是需要相当长的时间的——一般最少三个月，因此很多时候，我们会看到相对低位的大阳线出来之后，股价还会有所下跌，以及相对高位的大阴线出来以后，股价还会有所冲高，那就是机构所用的诱空建仓和诱多出货的手法了。所以，我们不能忽视季 K 线的重要性。

散户如何巧用"土方法"炒股

在炒股实战中，我们发现有一些民间的土方法在特定时期比较有效，这些土方法也许更适合于在综合技术方面有所欠缺的中小散户，我们总结出下列技术面、题材面、经验面的炒股方法，助散户玩转机构。

◆ 第一，技术面

利用技术面的绝招需要注意的是，技术面操作的关键是须有大盘强势背景配合且是短线波段。

1．追强势股。这是大多数散户和新股民追求的方法，最常见的方法有三个，分别是强势背景下追领先涨停板、尾市强势大买单成交、低位连续放大量的强势股。

2．超跌反弹。这是一些老股民喜欢的操作方法，主要是选择那些连续跌停或者下跌50%后已构筑止跌平台并开始走强的股票。

3．技术指标。一些痴迷技术的人较喜好这个方法，最常用的技术指标有三个，包括强势大盘多头个股的宝塔线、弱势大盘的心理线（做超跌股）以及大盘个股的带量双MACD。最常用的经典形态有：二次放量的低位股、回抽30日均线受到支撑的初步多头股、突破底部箱体形态的强势股、与大盘形态同步或者落后一步的个股。这些都是要建立在大盘上涨、成交量够大的基础上。

◆ **第二，题材面**

利用题材面的绝招需要注意的关键是要打提前量，而且要设好止损位。

1. 社会题材。与社会事件和发展有关，比如：证监会发行部对相关券商作出指导，包括生物科技、云计算在内的4个行业中如果有"独角兽"的企业客户，立即向发行部报告，符合相关规定者可以实行即报即审，不用排队。"两三个月就能审完。"这也意味着，证监会将对云计算等四大行业"独角兽"企业IPO开通绿色通道。这些题材对改变投资理念有重大影响，应该引起散户高度重视。

2. 低价绩优。有些习惯于做中线波段的高手喜欢这个方法，即在股价最低的100名个股中找基本面最好的几只股票，同时要考虑到技术性的强势。再好的绩优股也要买在低位，茅台上千元了你还去追，套死你没商量。

3. 制度题材。特别要注意融资成功后出现强势的公司，此类股票往往涨幅最大。我们要看融资成功后，资金投向了什么产业。如果是新兴产业就可中线持有，如果是传统的夕阳产业就让机构自己去玩。

◆ **第三，经验面**

利用经验面的绝招需要注意的是，每次都要注意经验依赖的背景是否改变。

1. 熟悉主力机构。瞄准券商、基金、机构、股评打伏击，这点非常重要。如果机构在低位不声不响炒绩优蓝筹股，你一定要跟上不掉队；如果机构在高位异口同声天天喊"蓝筹股结构性大牛市来了，现在买蓝筹股胜过早年买房子"时，这就是绝对的出货信号，你一定要抛掉蓝筹股，提前潜伏超跌的中小创高成长股了。

2. 抓龙头个股。有的投资者专做阶段热门龙头股，龙头股最易识别的信号是从底部起连续上涨时成交量巨大，上涨时不顾大盘涨跌一气呵成，只抓同一题材中龙头也是非常有效的方法。

3. 判断头部。股市中经常会出现炒高后高风险的品种。比如：老庄股老板电器，在业绩下滑公布之前，高管家属抱团套现，14只基金同步精准减持，把追捧价值投资白马股的投资者套在高位。如果跟风追高的散户在该股第一个向下跳空缺口时止损，就可减少20%的亏损。

总之，机构要去散户化割你韭菜，作为散户你就要用以上"三面"绝招弄坏他们的镰刀。

散户选股应设定一个持股周期

很多散户在选股的时候并不明确自己要选的股是长线股还是中线股或者是短线股，这一点相当危险。我在选股之前都是先确定自己要选哪一种类型的股票，然后针对不同类型的股票选择不同的操作策略。譬如选长线股就是准备长线持有的，就不会因为中途一些小波动而放弃。中线股也是这样，先要确定大致的持股周期，不要随意改变计划。最值得注意的是很多人选出短线股，但在短线投机失败后被动地延长持股周期，最终导致深套，这是许多散户亏损的主要原因。我不建议非职业的散户做短线，即使职业散户做短线的时候也必须遵守严格的止损纪律。

当然，选长线股也并不是趋势发生变化了还死捂着股不放。选长线股的时候，最先考虑的是该股的长期趋势向上，即该股的中短均线譬如60日线必须向上，否则不予考虑。在满足了这个先决条件后再考察该股低位振荡筑底期间的成交量分布情况，累计换手率够不够，一般长线牛股底部换手率至少要200%以上，如果达到400%以上则更理想一些。同时底部振荡期间要有明显的大资金逢低介入吸筹迹象，譬如缓拉急跌、涨有量跌无量等。此外，如果与行业和新兴产业"独角兽"沾边则更好。当然为了深入考察一只股票，还要对于其关联企业、股东持股状况、历年走势和大事、高管人员等多方面进行考察，这样才能更明确而深入地判断有哪些有利和不利的因素，同时考察这家公司是否跨界经营。上市公司顺应经济转型升级和产业结构调整的趋势没有错，但问题在于，不少公司"概念先行"的倾向明显，热衷于通过跨界并购重组进行概念炒作。跨界经营可以增加公司的盈利来源，降低对单一主业的过分依赖，有利于降低行业风险，同时提高营业收入。但弊端在于，跨界经营可能造成资源分散，不利于提升核心竞争力。跨界经营并非一定就能实现盈利升级，新进入的行业领域往往存在未知风险。

  在上面这些因素都考察完毕后，最后就是进行技术走势分析。对被选的股票未来走势进行预测，关键是未来的强阻力位和支撑位，未来可能出现的几种走势，当走势出现变数时采取相应的操作策略。其中最重要的一点是你先要肯定自己有半年以上的持股耐心，否则就不要提做长线的事了。这些工作都做完了，就可以寻求一个好的买点进场。一般来讲，长线买点可以做如下考虑，一是在股价上穿长期均线并企稳后进场，另一种是在股价无量回敲长期均线都企稳时进场，当然前提条件是长期均线本身是向上的。当然还有别的长线进场时机可供选择，譬如低位箱顶的突破，次低位平台的突破以及慢牛吸筹后的无量深跌洗盘也都是很好的长线买点，我们在具体确定买点的时候可以结合起来考虑。长线股离场的时机是在股价远离长期均线的时候，譬如股价距离120日线50%以上，也有可能是遭遇历史重阻力而不能有效克服的时候。更本质的则是发现庄家开始出货的时候必须长线离场。比如：2019年已经翻了10倍的5G东方通信，庄家出货明显，就不适合做长线投资了。

散户应该向机构操盘手学习什么？

之前有一位散户在微博上问了我一个问题：一个散户应该向机构操盘手学习什么？我的问答是：散户起码应该向机构操盘手学习如下几个技巧。

◆ **第一，要有良好的职业操守**

操盘手主要是为投资机构和公私募基金服务的，我们称之为程序员或交易员。最简单的，你要有良好的职业操守。良好的职业操守要做到极难，因为金融市场是逐利市场，良好的职业操守并不是天生具备的，要靠后天的培养及自律。我所接触的操盘手，大多性格内向，不爱言语，但必定言出惊人。这种性格多半不是他们的本性，只不过是因为选择了这一职业。守口如瓶是一个职业操盘手最起码的素质，如果你把自己操盘的投资标的去建老鼠仓就涉嫌违法了，把自己操盘的投资标的告诉给亲戚朋友也是一种不道德的行为。

守口如瓶这个成语出自唐·道世《诸经要集·择交部·惩过》："防意如城，守口如瓶。"北宋时期，年轻有为的富弼经范仲淹推荐，宋仁宗任命他为河阳判官，因他政绩突出，后来升为宰相。他与王安石变法主张不合，就辞去宰相之职，回到故乡隐居。他从不随便表示自己的喜怒，办事公正，主张守口如瓶，防意如城。可见成为一名优秀的操盘手要做到：热爱本职工作，准确地执行基金经理或投资决策层下达的指令，严格保守秘密,遵守国家法律和有关证券业务的各项制度;保证在证券交易过程中公开、公平、公正,不以职谋私。优秀操盘手要有良好的心态和严格的自律性。证券市场时时刻刻充满各种各样的诱惑,人性也有各种各样的弱点,只有保持一颗平常心,才能抵挡市场的诱惑,才能克服人性的弱点。有句话说得好:"计划你的交易,交易你的计划。"

◆ 第二,努力钻研业务,提高自己的业务水平和工作效率

多读书,读杂书,知识越全面越好,同时,要讲一点学习方法。学贵得法,有勇还须有谋。证券投资不是只当听从上司指令的机器人,关键要灵活领会。我来证券市场投资,目的是赚钱。为了赚钱,就得思考先要保证本金的安全。什么情况下能买入?什么情况下要卖出?该出手时就出手!如果操盘手被市场短期热点所左右,不由自主地产生一种不按计划操作的冲动,让市场短期热点牵着鼻子走,那就叫"盘操手",而不是操盘手。优秀的操盘手是该买就买,不该买绝不买,该买多少就买多少,赚了不过喜,赔了不过悲,赚得明白,赔得清楚,心平气和,处之泰然。如果能把这些问题琢磨透了,就一定能够找到市场中最基本、最核心的赚钱规律。从本质上讲,优秀操盘手的过人之处表现在稳健和谨慎上。

◆ 第三,一个好的操盘手必定有良好的悟性

操盘手要经过一段时间的训练才能上岗。操盘手按照操盘技术形成固定的操作模式。操作的原则是"不预测""不分析"。操盘手在做股票前,会制订一个计划,每个步骤写得很清楚,剩下的就是按照要求严格执行。证券市场走势变幻莫测,没有人会给你提供一套有效的分析方法,一切都只能靠自己摸索总结。只有具备一颗克服种种艰难困苦、历经千锤百炼的心,祛除固执、犹疑、贪怯等杂质,才能"见山是山,见水是水""心如柳絮随风摆",在自然而然中步入成功的殿堂。

熟练把握买入及抛出筹码的技巧,利用资金优势在一定程度上控制盘

面的发展。操盘手能发现盘面上每个细微的变化，从而避免风险的发生。现在机构做股票操作难度越来越大，以前一年可以成功地运作一只股票，现在的运作周期越来越长，因为散户整体水平比以前提高了很多。一只股票基本上会经过建仓、试盘、拉升、洗盘、出货几个阶段，一般需要一两年甚至更长的时间来操作。急功近利、一口想吃成个胖子，往往是操盘手的败招。一个好的操盘手必须有思想、重逻辑，加上执行力，完全按照盘感去做，多数人的结果都是失败。只有按照因果逻辑关系去买卖，犯错才会少，最终结果才可能圆满。

散户在大熊市下的"七字操作策略"

先看我多年前写的一个股市段子——收录在之前出版的《股市魔鬼词典》一书中,具体是这么写的:

熊市终于来了,原本靠股票吃饭的三个朋友无奈开始找工作。三人一同来到某饭馆应聘。老板问头一位:"你有什么特长?"答:"我以前做操盘手,会炒。"问:"手艺怎么样?"答:"也没什么,只不过能把股价从50元炒到5元而已。"老板很开心,说:"果然会炒。很好。我这里正需要一个大厨,就是你了。"第二个人递上了履历表,老板翻了翻,说道:"噢,是股评家呀。这样吧,你的工作就是每天站在门口,见人就给我往里拉,这点事对你来说不难吧?"老板转头问第三个人:"你是干什么的?"那人羞得满脸通红道:"我散户出身,喜欢抄底。洗碗扫地什么的随便安排个活就行。"老板有些为难,说:"我饭店很高级的,要散户做什么?"

正说着,忽听大堂里传来一片吵嚷声。老板急忙叫过一个服务员,问她出了什么事。服务员回道:"今天忘了买肉,客人点的菜半天送不上去,正在发脾气呢。"老板顿时慌了神。这时,身旁的散户猛地拔出一把尖刀,捋起裤腿,"噌"的一刀割下一大块肉丢给服务员,说道:"先拿去应急。"转身对老板说,"我别的本事没有,抄底割肉是经常干的,不信你问问他们二位。"老板大悦,说:"很好,今天就上班吧。"

中小投资者应该清醒地认识到,你面临的是风险大于收益的投资"生

态环境"。要想不成为别人的盘中餐或被利用的工具,就应该在大熊市中坚持"七字操作策略":

◆ 第一,保

如果你的账户还有盈利,应该保住胜利成果,落袋为安不啻为最佳选择。千万不要拿已到手的利润去买昂贵的"过山车"门票。

◆ 第二,退

面对大熊市,撤退有时是最好的进攻。满仓面对跌势,市值缩水很快,一两天工夫就会风干。趁每一次反弹逢高减仓。仓位轻了,即使暴跌也不会伤筋动骨。

◆ 第三,管

管字当前,就是要管住自己的手,不要盲目进场抢反弹,因为趋势下跌一旦形成,就有很大的惯性。别在下跌中途去和机构"换岗"。

◆ 第四,空

面对系统风险,重仓者应逢盘中反弹,择高点果断空仓。空仓如同减肥,没有决心是难以奏效的。对于已经炒高的股票,不要抱任何可能再摸双顶的幻想,因为庄家去意坚定,只要有接盘的,他们不会发善心。

◆ 第五,躲

惹不起咱躲得起,对于被留在山顶的高价股,应坚决不碰,不要去为翻了几番的大面额高价"冥币"买单,当"冤死鬼"。对基金重仓股且近期爆炒过的品种也要加倍提防。

◆ 第六,观

这既是观望的"观",又是观赏的"观"。空仓者要守得住寂寞,对于高耸入云的庄股要心平气和地观赏。庄家因高度控盘且价高难估,出不了货会自拉自唱,暴跌时可能逆市飞扬。

◆ **第七,抓**

套牢者要抓住每一次机会抢反弹,做"T+0",买入手中持有的套牢股票,在反弹中当日卖出,降低成本。要记住,调整市中任何一次反弹都是下跌抵抗,昙花一现,在花谢之前,提前走人。

十大股市经典名言暗藏投资成功密码

每一条股市经典名言都暗藏着成功和失败的密码,如何破译这些密码,也事关你炒股的成功与失败。今天就为大家破译这些密码。

◆ 第一:大跌之后不看跌,暴跌之后不杀跌

解读:大跌,就像临界点一样,是很多股评人士常说的黎明前的黑暗,是一个即将发生本质变化的时刻,这时会利空消息满天飞。不过,这是很多人梦寐以求的最低点,但这个最低点是很少有人抓得到的,因为这一点位往往伴随暴跌而来,但暴跌中很少有人敢出手。

◆ 第二:温柔的阴跌是最熬人的陷阱

解读:阴跌是股市中最难熬的。眼瞅着2900点破了,又拉了回来,这个阶段是最磨人的。让你买一次亏一次,一割肉就开涨了。

◆ 第三:弱势中也有强势股,跌市中也有能涨的股票

解读:我们基本不太去关心大盘指数,我们只研究当前最热门的股票,最强的风口,在当前最强的股票中都赚不到钱,买其他股票能赚到钱?这就是很多投资者亏钱的原因。这话不是笔者说的,是证券投资大师杰西·利弗莫尔说的。因此,无论大势涨跌,有波浪就有机会,抓住牛股就能战胜熊市。

◆ 第四：别等最高价才卖出，别等最低价才买进

解读：在股价下跌过程中，投资者往往一路看跌，但股市的下跌绝非是永无止境的。如等到股市下跌到最低点才买进，从概率上看几乎是不可能的。所以，投资者应从长远价值考虑适时买进，耐心等待。

◆ 第五：关于交易的真谛：顺势而为

解读：顺应趋势，只买上升趋势中的个股，因为这些个股之所以能逆市上升就是有资金的关注。没资金关注的股票，买一次亏一次。如果它是涨势，回落时就应买入；如果它是跌势，那么在它反弹时就应卖出。

◆ 第六：下跌正是好机会

股市下跌就像科罗拉多一月的暴风雪一样平常，如果你有准备，它并不能伤害你。下跌正是好机会，去捡那些慌忙逃离风暴的投资者丢下的廉价筹码。

解读：机会是跌出来的，风险是涨出来的。由于连续大幅下挫，RSI指标快速下行，6日RSI到达10或更低，但此时指数并未止跌，略微反弹后继续下跌多半会击溃众人心目中最后的防线，创出新低；而此时RSI指标不再同步创出新低，出现明显的底背驰——表明杀跌动能耗尽，短期底部即将确立——是捡廉价筹码的时候了。

◆ 第七：不要去猜底部，更不要频繁抄底

解读：不要在下跌中把精力放在对底部的一次次猜测上，应该把精力放在对风险的控制上。你不断地猜，当然最终会有一次猜对，但有限的资金却经不起无数次的"抄底"。

◆ 第八：跌市中的反弹司空见惯，切莫把反弹当成反转

解读：反弹和反转是有规律的，成交量会告诉你。一轮下跌行情往往伴随着巨大的成交量和各种各样的不利消息。一般要经过两到三次放量

大幅下跌才会形成底部，其成交量特征为：价涨量缩—价跌量增—价跌量缩—价稳量缩。大盘价稳量缩，领跌个股下跌动能衰竭，利空因素基本明朗，利好传闻隐隐出现，强势板块开始放量走强，大盘放量逼空上行，人气恢复，反弹逐步演变成了反转。

◆ 第九：股市波动受季节性影响

解读：比如 2019 年春节后大盘走出了一轮波澜壮阔的行情，沪指从 2440 点上升到 3288 点。而在 5 月跌到了 2838 点，8 月跌到了 2733 点。每年年底机构要做市值，几乎毫无意外地有一波"吃饭行情"。

◆ 第十：打破惯性思维，学会逆向思考

惯性思维常常使投资者涨时看涨，跌时看跌，在上涨时不愿卖，下跌时不愿买，是大多数散户投资者的共同特征。

解读：炒股应打破惯性思维，采用逆向思维。每当市场中充满了"后市下跌空间不大"之类的话时，往往预示股市还要下跌；每当市场中充满了"熊市不言底"之类的话时，往往是多数人不敢测底、言底和抄底的时候，而这恰恰说明真正的底部到来已经为时不远了。

市场底形成的十个特征

依笔者个人多年的实战经验看,市场底部形成要有以下十个典型特征:

第一,券商大多数从看多转为看空,"熊市不言底""沪指将二次探政策底",云云。比如指数下跌,导致券商板块领跌,原因是成交量萎缩,券商板块年报可能不太好看。

第二,投资者哀莫大于心死。网上流传着一句"诅咒"的话:你才炒股呢,你全家都炒股!现在的情况是,很多投资者套牢后趴着不动了,也不愿再投资金进股市,被动等别人来解套。

第三,新股破发潮初见端倪,打新资金严重被套;新股开板数越来越少,有的次新股跌破发行价,新股定价的重心渐次下跌趋势明显,炒新资金开始退缩。

第四,沪深两市热点强势板块退潮,比如创投概念图穷匕见,前期强势股开始轮番补跌,像超跌的5G那样,新的热点开始此起彼伏,出现试探性反弹。

第五,年报比较好看的超跌个股开始不理会大盘,逆市走强,前期超跌创业板重抬升势。我们知道,只有创业板指数企稳回暖,投资者才有赚钱效应。

第六,沪深两市出现多只破净个股(股价跌破每股净资产),大盘平均市盈率降到20倍以下，大股东从减持变为不断增持自家股票。2019年初，A股逾450家公司拟回购，回购总体上可稳定上市公司股价和市场。

第七，股票质押风险逐渐解除或减少。2020年，提示将到达质押预警线的2462家公司中，股价触及预估预警区间底部的公司共215家，占比8.73%；股价进入预警区间的公司共1418家，占比57.60%；股价触及预估平仓区间底部的公司共138家，占比5.61%；股价进入平仓区间的公司共1118家，占比45.41%。

第八，技术上，日线MACD及KDJ低位金叉，MACD红柱状放大，周K线先于日线站上60周均线之上。沪指上方均线继续空头排列，对于指数的压制作用较为明显。由技术指标MACD来看，绿色能量柱区域再度放大，死叉效应仍在延续，叠加KDJ三线继续发散向下，指标共振，短线行情尚无企稳信号，仍需耐心等待。

第九，像中弘退那样的退市股票没人敢炒了，造假上市的新股，变脸穿帮也开始增多。

第十，市场上仙股队伍开始增加。同时，非常抗跌的高价庄股开始拉高出货，引诱散户去当接盘侠。

以上十条看上去有些矛盾，但却是有规律可循的。如果大盘出现上述特征中的六个，就离市场底不远了，如果十个都出现了，十有八九市场底成立。

老手和新手投资应互相取长补短

我在《股市真功夫》一书里专门谈到了股市中老手和新手的投资区别。文中谈道：新手眼里关心眼下短线赢利，老手眼里更注重防范风险（特别是防不胜防的系统性风险），新手常用主观愿望来炒股（总认为股市是牛市），初生牛犊不怕虎，操作很频繁，套不怕也不怕套。老手常用客观经验来炒股，他们经历过亏损被套阶段的痛苦与折磨，宁可错过10次也不做错一次。新手老盯着如何暴利，一心想今天买了股票明天就涨停；老手重视合理稳定复利增长，不在乎股票短期的波动。新手总想着打败庄家，老手总想的是战胜自己。新手总想战胜市场，老手总是敬畏市场。新手把简单问题复杂化，老手把复杂问题简单化。新手习惯于天天原谅自己，老手习惯于天天检讨自己。新手觉得每天都有机会，老手知道一年只有很少的几次机会。新手在牛市中很容易赚很多的钱；老手在熊市中只亏很少的钱。尺有所短，寸有所长。看来新手和老手既有区别又各有优势，下面我们就来谈谈：如何将老手和新手的投资区别和优势综合起来，取长补短在实战中操作。

经过长期的股市投资，随着技术的日臻成熟，但凡是投资老手，都会有自己的一套盈利和风控模式。但即使是股市老手，也照样会在交易中出现亏损，这是股市运行规律以及市场的随机性所决定的，老手也不可能完全逃脱随机扰动的自然法则。因此，对于亏损的交易，老手与新手的差异，表现形式上只是少与多、小与大、偶然与必然的差别而已。但是，老手面对交易亏损，往往有一种长期经验形成的本能。这是因为，顺势者昌、逆势者亡的准则在市场中表现为顺势者盈利、逆势者亏损。这就如同军事上的火力侦察或医学临床上的药物诊断，盈亏是趋势交易方向的探索器，也反映出祸兮福所倚的基本规律。但是，老手的此等做法，对于新手来讲却未必行得通，这是因为新手的操作往往是不稳定、不系统的，因此，其盈亏并不能准确反映交易的真实情况。

然而一般人难以觉察的是老手和新手在出现亏损后的心理特征上的差异，这才是老手和新手的本质差异。老手在交易出现亏损后，通常会首先从自身的交易理念和交易技术方面查找是否存在造成亏损的必然原因，一旦发现，则会立即研究解决方法，避免今后再次发生同类失误。而新手往往把交易盈利视为一种必然，而把亏损看成偶然，在交易亏损时找出各种客观原因来原谅自己，从而永远停留在赢利是自己的功劳、亏损是旁人的过失这样一种自我陶醉和自我麻醉状态中，难以进取。老手肯定会认同必要的亏损是风险交易投资的代价的理念，他们对每笔股票交易投资的心理准备是准备赔多少。因此，老手在每笔交易建仓的同时，必然会同时设定止损价格，而当价格触及止损价格时，毅然止损。新手在交易投资时通常很少有对亏损的心理准备和技术准备，其心理特征表现为强烈地准备赢多少的获利期望。而遇到浮动亏损时则往往惊惶失措，表现为顽固守仓和胡乱砍仓交替的一种混乱的情绪化的操作，最终导致更大亏损。

我们如何将两者的投资区别和优势综合起来操作呢？盈利或亏损对老手和新手来讲，应该是一页页把交易时间与经验记录下来，盈利是靠什么方式实现的，亏损又是什么原因导致的呢？记录下来后就要总结成功或失败的经验教训。当把握了心理冲动与理性思维的转换，最终在人性与兽性的斗争中胜出时，你将会成为思想深邃、洞察人性的出类拔萃的高手，你也能在交易技巧上进行升华，这种人性升华将使你受益一生。

因而无论老手和新手,在当前反弹震荡的熊市中,最好能遵循这三大生存法则:

◆ 第一,尽量减少操作

在牛市中,我们可以放开手脚只管选择热门的股票,哪只涨得好就购买哪只股票,甚至可以不断做多,也会赚得越多。不过,当股市处于反弹震荡期时,可别犯傻,持续加大仓位做多,而忘了应逢高减仓兑现。

◆ 第二,要避开多头陷阱

在股市上涨至一定的点位时,比如3000多点或以上时,此时股市已处于反弹强阻力区,此时因上方套牢盘很多,上行风险也很大,如果此时对风险置之不理,仍继续买入,"熊定会一掌拍死你"。此时应跳出习惯性思维,别被套在支撑线上的"多头陷阱"中。

◆ 第三,不可轻易补仓

下跌趋势中,买入了个股被套,为了能摊低成本,就在低位买入,最终反而越陷越深。补仓往往是无奈之举,由于很被动,反败为胜的概率很小,股价每次的反弹基本上是暂时的修整,此时反而会越补损失越大。所以,震荡期不可轻易补仓。

综合来看:很多股民遭遇亏损,往往是因为不知道如何在震荡期继续生存,盲目补仓,盲目操作,过度贪婪,最终造成了较大的亏损。为避免这类亏损,老手和新手一定要取长补短,学习对方长处,避开对方短处,才能长久生存下去。

弱势中买入"吃肉股"的五个巧招

我个人因长期伏案写作,有氧运动一般不多。故经常用一种运动来替代其他运动——跳舞,交谊舞也跳,坝坝舞也跳。因为在优美的音乐中出一身汗是非常愉悦的。为什么跳舞这么有美感,大家都愿意跳?就是因为它有节奏,不同的节奏有不同的舞姿,形成了不同部位的动作锻炼。节奏就需要舞者去按照拍子行动,不按照拍子舞动,不论是快了还是慢了,都是不协调的。那些跳舞的动作,分解开来,不一定漂亮,但是按照节奏连贯在一起,就漂亮了。炒股也是这样,掌握节奏很重要。大机构炒股都是按照严格的节奏来操作的。比如在弱势中应该等待,等着下一个节拍再舞动的时间段,你非要操作,非要想盈利,非要抓牛股,就很容易被套。当然,如果真手痒停不下来,尝试一下弱势中买入"吃肉股"也无妨。炒股不是一件简单的事情,它与竞技、心理、素质、知识等有关系。但是它又是件容易的事情,只要你能够坚持正确的操作,就会有收获。大盘弱势背景下,想吃肉就得找到有肉的地方。在热点缺乏的市场里,上涨的往往就是前期被主力看好的"吃肉股"。今天,我们就一起结合实战来探讨一下非常实用而经典的如何在弱势中买入"吃肉股"的五个巧招。

"吃肉股"战法的核心思想是:快、狠、准。这是基本分析、技术分析和心理素质的综合体现。

个股要成为"吃肉股",必须具备五个基本条件:

◆ 第一,"吃肉股"大多是从除权后填权开始的

不能填权的股票是弱势中的弱势,骨头都不是。事实上,填权股是多空双方最准确的攻击信号,是所有黑马的摇篮,是"吃肉股"的发源地。比如:我们曾看好的格林美(002340)在2016年8月除权后从7元开始填权,最高到了9.37元,即使当时的大盘暴跌近百点,也能逆市上涨。"吃肉股"即使不是除权股也应是不惧暴跌能逆市上行的。

◆ 第二,"吃肉股"一定是低价的,一般不超过10元

只有低价股才能得到股民追捧,成为大众情人。

◆ 第三,"吃肉股"流通市值要适中,适合大资金运作

大市值股票和3000万元以下的袖珍盘股都不可能充当"吃肉股"。

◆ 第四,"吃肉股"须同时低价金叉＋连续阳线

"吃肉股"技术上必须同时满足日线KDJ、周线KDJ、月线KDJ同时低价金叉,除权后却是连续放量阳线。比如:格林美(002340)除权后出现的七阳夹一阴。

◆ 第五,"吃肉股"逆市大涨,提前见底

"吃肉股"通常在大盘下跌市场恐慌时,逆市大涨,提前见底。或者先于大盘启动,并且能经受住大盘一轮下跌考验。

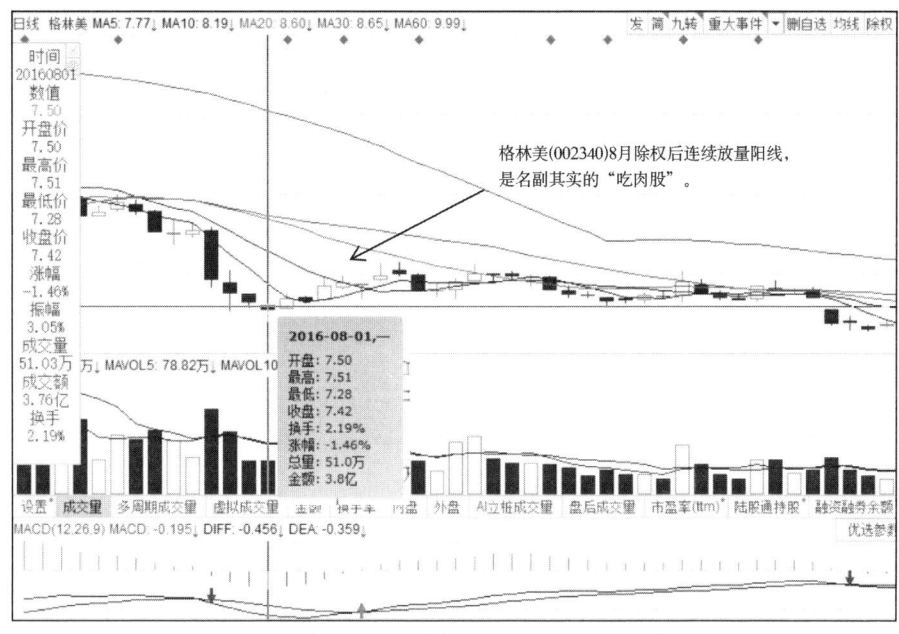

"吃肉股"除权后连续放量阳线——格林美

"吃肉股"辨别特征：

◆ 第一，从热点切换中辨别"吃肉股"

通常大盘经过一轮急跌，会切换出新的热点。

◆ 第二，用放量性质识别"吃肉股"

个股的放量有攻击性互动放量和补仓性放量两种。如果个股出现连续三日以上放量，称为攻击性放量；如果个股只有单日放量，称为补仓性放量。"吃肉股"必须具备攻击性放量特征。

◆ 第三，"吃肉股"经过充分调整后也可以卷土重来

我们不妨事先做做功课，多熟悉历史上有名的"吃肉股"，比如妖股特力A等，以便于今后在盘中能及时捕捉到。

"吃肉股"操作风险控制：

实战操作的根本要求是客观化、定量化、保护化。实战中绝对不允许有模棱两可的操作情况出现，市场信号是实战操作的唯一，也是最高原则。

给出精确严格的止损点并誓死执行，什么股票我们都敢做，因为风险已经被我们锁定，这是实战中的最高的教条。

运用量比在开盘 30 分钟买到"吃肉股"的技巧：

第一，记下在 9:25～9:30 之间量比排名前 10 的个股；

第二，记下在 9:40～9:45 之间量比排名前 10 的个股；

第三，找到第二与第三的交集；

第四，目标"吃肉股"必须均线多头排列。如果不是多头排列，就需要远离。如果弱势中没有"穿头破脚"的 K 线形态，最好要等十字星出现，再次放量时符合条件就可以试探性地买入了。

与生活息息相关的短线操作十条铁律

炒股是一种风险很大但收益很高的功夫，但不像瑜伽功一样人人一学即会，特别是短线操作，被喻为刀口舔血，故要制定铁的纪律。然而，短线操作说难也难，说不难也不难。下面就让我们来看看贴近生活中的短线操作十条铁律：

◆ 第一：快进快出

这多少有点像我们用微波炉热菜，放进去加热后立即端出，倘时间长了，不仅会热糊菜，弄不好还要烧坏盛菜的器皿。原本想快进短炒，结果长期被套，即使被套也要遵循铁律而快出。

◆ 第二：短线要抓领头羊

这跟放羊密切相关。领头羊往西跑，你不能向东。领头羊上山，你不能跳崖。抓不住领头羊，逮两头羊也不错。地产领头羊万科被保险公司保能系举牌涨停了，买进同样被举牌的地产股金地集团收益可能也不菲。铁律是不要去追尾羊，去买ST中房，不仅跑得慢，还可能掉队。

◆ 第三：上涨时加码，下跌时减磅

这同我们骑自行车的道理一样。上坡时，用尽全力猛踩，一松劲就可能倒地；下坡时，紧握刹车，安全第一。铁律是一旦刹车失灵，就要弃车保人，否则撞上汽车或其他路障就险象环生了。

◆ 第四：再烂的股票如果连续下跌了 50% 后都可抢反弹

这好比我们乘过山车，从山顶落到山谷，由于惯性总会上冲一段距离。遭遇重大利空被腰斩的股票，不管基本面多差，都有 20% 的反弹。此时不能热恋，反弹到阻力平台或填补了两个跳空缺口后要果断下车。

◆ 第五：牛市中不要小觑冷门股

这就像体育竞技中的足球赛，强队不一定能胜弱队，爆冷时常发生，因为球是圆的，中国足球队在亚洲杯打平即出线时，被爆冷淘汰。牛市中的大黑马哪一只不是从冷门股里跑出来的？但不要相中"红牌冷门股"，这样有可能被罚下场。

◆ 第六：买进股票下跌 8% 应坚决止损

这是我们从下中国象棋中得到的启示，下棋看 7 步。出现被动局面时，一定要丢"卒"保"车"，保住了资金才有翻盘的可能。此处的止损规则主要针对规避系统性风险，不适用技术性回调，因为小"卒"过河，胜过十"车"。

◆ 第七：高位三连阴时卖出，低位红三兵时买进

这如同每天必看的天气预报，阴线乌云弥漫，暴雨将至；阳线三阳开泰，艳阳高照。如果庄家用此骗线洗盘或是下跌中继，应结合个股基本信息甄别。

◆ 第八：大盘暴跌时逆行的股票

这无疑像海边游泳，只有退潮时，才能看清谁在裸泳。裸者有两种可能：一种是穿了昂贵的"隐身衣"；一种是真没钱买裤衩。逆市飘红有可能是大资金扛顶，后市大涨；也有可能是庄家诱多拉高出货，关键看是否补跌。

◆ 第九：敢于买涨停板股票

"追涨停"之所以被称为"敢死队"，是因为这样操作要有胆略和敢冒险。这如同徒手攀岩，很危险，一脚踩空就会变成自由落体；当登上山峰，便会一览众山小，财富增值极快。因为只要涨停被封死，随后还有涨停。在连续涨停被打开前，一定不要松手，松手就会前功尽弃。

◆ 第十：买入跌停板被巨量打开的股票

巨量跌停，被大单快速掀开，应毫不犹豫杀进。这如同我们在夜空中看焰火，先是由绿变红，再一飞冲天。巨量下一般能从跌停到涨停，当日有20%的斩获。但是美丽的焰火，很快成过眼烟云，翌日集合竞价时应立马抛空。

以上十条铁律是用最通俗的生活常识诠释复杂的短线技巧，广大投资者必须掌握。

如何根据成交量抓未来牛股

股市中有这样一句谚语:"什么都可以骗人,唯有成交量不可骗人。"股市中还有一句谚语:"量在价先行。"这两句话的意思说的就是投资者可以通过成交量的变化来判断股价未来的走势。因此,成交量的分析可以说是技术分析中非常重要的一环,投资者只有深入细心地洞察成交量的变化并掌握其规律才能对个股的买卖点把握得恰到好处。成交量是我们经常用来分析股票的最重要的指标之一,主力可以操纵股价,但很难操控成交量,所以成立量是比较客观地辨别熊市中的牛股的一个重要参照体系。由于成交量是一个绝对指标,受到流通盘大小的影响,还不太完全客观,如果配合换手率来对成交量进行补充分析,基本上就可以做到客观准确了。

股票投资既是一门科学,更是一门艺术,只有真正投身于股市的投资者才能理解其中的含义。股市投资的成功与否,关键在于投资者是否有一套行之有效的分析操作方法,其中成交量分析是看盘的一项重要本领。好的感觉源于平时的学习与积累,非几句话就能说得清,但还是有一些规律性的东西,以下我们结合实战分析成交量变化谈谈抓牛股的四大看盘法则。

◆ 第一,底部量增价平,是由熊转牛信号

股价经过持续大幅下跌至底部区域,成交量突然放大,股价却不大

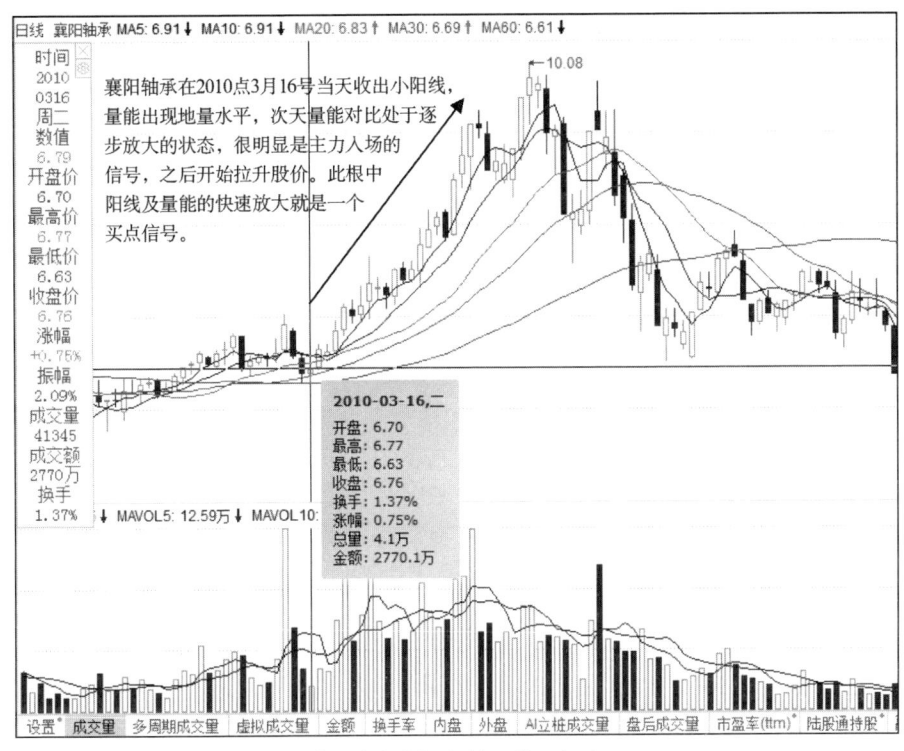

"量增价升"实例：襄阳轴承

涨，此时一般成交量的阳柱线明显多于阴柱线，凸凹量差比较明显，说明底部在积聚上涨动力，有主力在偷偷进货，此为中线转牛信号，可以分批买进持股待涨。有时在上升趋势中途也会出现量增价平，则说明股价上行暂时受挫，只要上升趋势未破，一般整理后仍会有行情。

◆ 第二，底部巨量阳线后出利好，反而缩量回调，未来量增价升，则是短中线最佳的买入信号

量增价升是最常见的多头主动进攻模式，我们应积极进场买入，与庄共舞。然而，有时候却是你买入后，股价迟迟不涨，如同赵传在《我是一只小小鸟》里唱的小鸟，想飞也飞不高。比如我们分析过的，公布了重组利好的铜峰电子(600237)，公司拟向铁牛集团等发行股份购买其持有的浙江卓诚兆业投资开发有限公司100%的股权，本次交易构成借壳上市和关

联交易。交易完成后，公司核心竞争能力和持续经营能力将得到增强。然而，其股价从2019年3月9日至3月21日连收8根放量阳线后，却像断了翅膀的小鸟，想飞也飞不高。其实，这是主力志在高远，缩量回调就是要打断散户的翅膀，为日后证监会批准重组后做腾飞准备。主力机构还没有丝毫出货的迹象。主力有刘邦式的耐心，十圈不开和，一和夺江山。

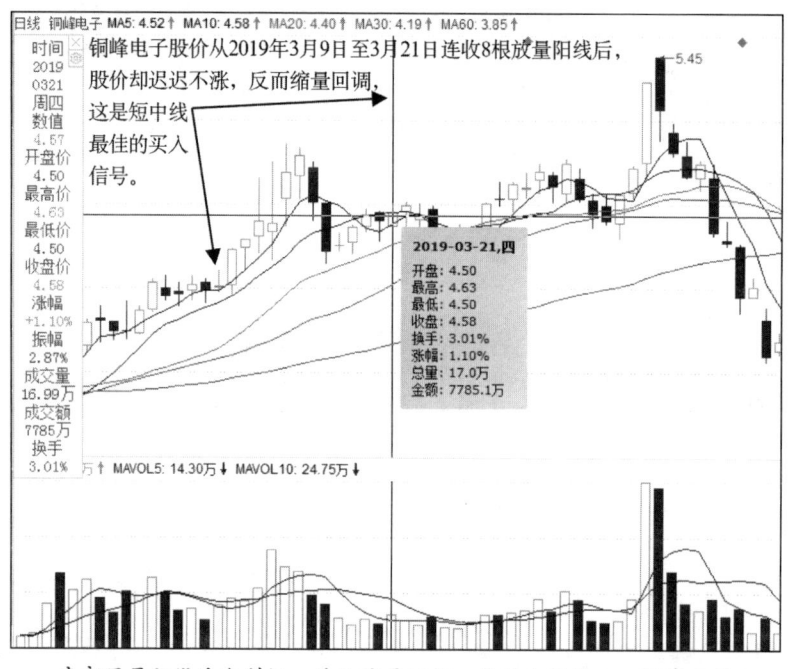

底部巨量阳线后出利好，反而缩量回调，是买入信号——铜峰电子

◆ 第三，量减价升，继续持有

在底部放出巨量阳线后，逆市上升时成交量却在减少，股价仍在继续上升，适宜继续持股，或增加仓位。这一现象即我们所称的主力机构建仓后锁筹牢固，其经过补量后仍有较大的上行空间。比如我们分析过的精伦电子（600355）在2019年3月18日至4月17日几乎全是放量阳线，经过4月18日至4月20日洗盘后，周二又现红三兵，重新站上了所有中短期均线之上。

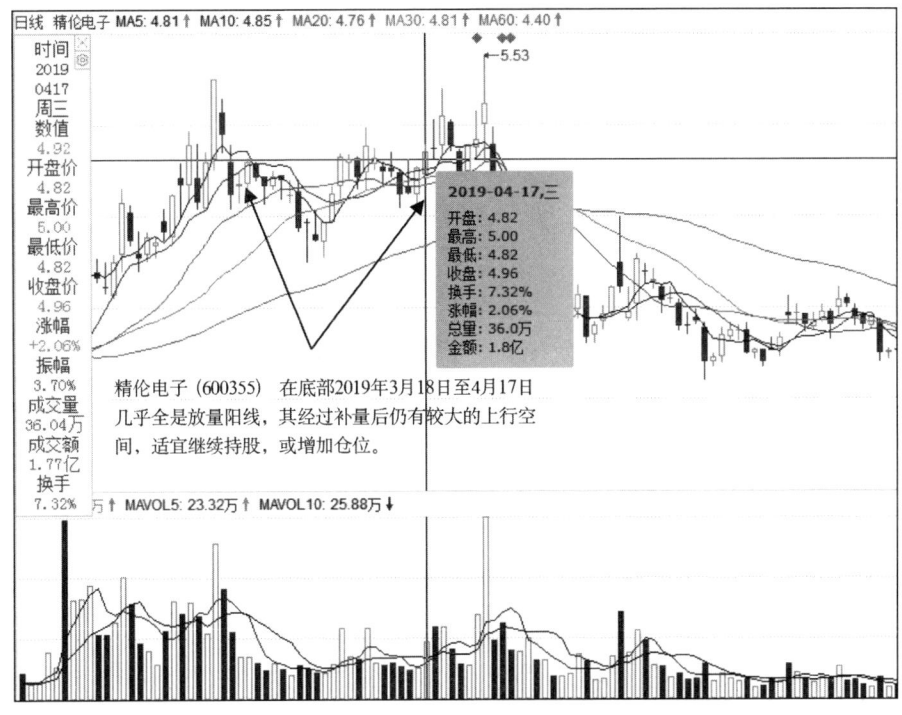

底部放出巨量阳线后，量减价升，继续持有——精伦电子

◆ 第四，用成交量来判断个股突破后的爆发力度

换手率越高，表明参与的投资者越多。一旦市场向某个方向突破，原来巨大的多空分歧因一方的胜利使市场产生一边倒，迫使另一方返身加入，这种合力足以使市场产生巨大的波澜。股市中70%的股票的日换手率在10%以下，10%就成为一个分界。当一只股票的底部换手率在8%～10%时，该股就进入相对活跃状态。我们以中信国安为例：从底部上来，14根阳线夹4根阴线，阳线放量换手率非常高，阴线缩量换手率非常小。这样高换手率的个股后来几乎都毫无例外翻番了。

"网红时代"
技术分析的"四大精髓"不会过时

现在有一种观点：互联网时代及"网红时代"，随着技术的进步，每一天都会诞生新的炒股理论，各种玄学层出不穷。传统的技术分析会不会过时？我们不想花费时间去研究突发奇想的所谓玄学及新理论；更不屑于去听一个完全不懂技术分析的人把技术分析说得一无是处，只有吸收和超越，才能继承前人的成果，跳出技术分析看技术分析。这也不是技术无用论，而是更好地界定新技术的范畴，使技术分析在互联网时代发挥更出色的作用。

技术分析是证券投资分析中常用的一种分析方法。自股票市场产生以来，人们就开始对于股票投资理论的探索，形成了多种多样的理论。实际上，技术分析是投资者对股价变化进行长期观察并积累的经验，逐步归纳总结出来的规律。

技术分析的"四大精髓"是：成交量、价格趋势、时间背景、指标提示。互联网时代不管怎么变这些都过时了吗？显然没有，你不管采用哪种新理论都离不开前面提到的四大核心要素。

◆ 第一，成交量

1. 用成交量来研判大盘或个股都不会过时。成交量大说明市场的多头活跃获利机会较多，成交量小说明市场观望者多获利机会较少。比方：当沪市的成交量超过4000亿元时是强市市场状态，运用技术找综合买点较准；当沪市的成交量低于 2000 亿元时是弱市市场状态，运用技术找综合卖点较准；当沪市成交量介于上述两个成交量数值之间时，是平衡市场状态，短线的买点和卖点都有意义。没有分析成交量的技术分析就好像是闭着眼睛射箭，很难命中目标。

2. 用个股的持续成交量来分析筹码分布的区域以及筹码的集中度，用盘中的连续成交状态来判断主力操作的状态和目的。分析个股成交量的辅助指标是 SS、OBV、宝塔线以及经典 K 线组合。格外需要提示的是主力的操盘风格在判断个股的机会时非常重要，如果你不熟悉主力的风格，你必败无疑。

◆ 第二，价格趋势

大盘走势沿趋势移动。这是技术分析最根本、最核心的条件，也是技术分析发展最为充分的地方。其主要依据是：证券价格的变动是有规律的，即保持原来的运动方向的惯性，而证券价格的运动方向是由资金买卖方的力度决定的。证券价格的运动反映了一定时期内的供求关系变化。供求关系一旦确定，证券价格和变化趋势就会持续下去。只要资金供求关系不发生根本改变，证券价格的走势就不会反转。这就给出了技术分析对未来的一致预期的结论，即趋势一旦形成，大盘就会顺沿趋势移动。趋势形成后我们只要注意这个行进中的趋势属于哪个阶段，是低位阶段还是高位阶段抑或是中途阶段。中途阶段最好把握，低位阶段和高位阶段较难把握。

◆ 第三，时间背景

1. 沪深股市中机构有着明显的资金使用周期。每年上半年的市场处于相对强市，每个时间背景的底部都是比较清晰的。比如：2019 年春节后机构发动了一轮波澜壮阔的行情。

2. 沪深股市中，政策的导向对于市场的行情演变有着重要且直接的作用，几乎每次大涨行情都是由于政策原因触发的。如果有重大活动就会有相关利好推出。

3. 不确定的突发原因。比如：2019年沪指上攻到3288点附近，准备继续上攻时，上升趋势被中美贸易战等不确定的突发原因扭转。

◆ 第四，指标提示

任何指标提示都有其延后性。我们了解最多的就是各种技术指标，什么K线、MACD、KD、金叉、死叉，等等。一般来讲，技术指标主要是对买卖微观时机的分析，不是对买卖品种定性的分析，这种微观的分析只有在前三种分析进行之后才有其价值。如果没有前面三种更重要的分析，纯做单纯的技术指标分析，或者再加上不完善的趋势分析，这种分析不但对于实战操作起不到帮助作用，有时正好陷入低卖高买的怪圈——这种分析错误容易给投资者造成一定的误判。

指标提示只是观察市场的方式之一，是看清趋势的一个最直观方法。因为它就是数字，简单直观，可视化，恰当地使用能帮你把握买入还是卖出时机。

所以，即使在互联网时代，还有什么方法比直观方法更有用呢？

读懂分时图，炒股胸有成竹

股谚道：黄线在上，民心所向；白线在上，指数向阳。我们每一个投资者在看大盘分时图运行时都能看到白、黄两条线在行走。当白线在黄线上方且两条线开口张大时，我们会发现，指数在上涨，而大多个股却在下跌。比如某日沪指涨了16点，而上涨个股和下跌个股基本持平。相当多的个股并未随大盘齐涨，这就是我们通常所说的赚了指数不赚钱；而当黄线在白线上方时，则个股比较活跃，上涨数要比下跌数多很多。这是什么原因呢？

很多投资者简单地认为：分时图白线表示大盘股，分时图黄线表示小盘股。其实，白线表示大盘加权指数，即交易所每日公布的大盘实际指数线。黄线则是不含加权的指标，即不考虑股票盘子的大小，而是所有股票对指数影响的大盘指数线。

那么，投资者如何根据分时图中白线和黄线的背离走势来决定自己的买卖呢？对中长线投资者而言，可以忽略一两个交易日白线和黄线的背离走势，因为大盘为了冲关或稳定指数而使白线和黄线背离。但对短线交易者来说，就值得注意了，这是因为：

第一，当大盘指数上涨时，黄线在白线之上，表示流通盘较小的题材股涨幅较大；反之，黄线在白线之下，说明流通盘较小的题材股涨幅落后于大盘股。前期涨幅过大的甚至出现较大跌幅，一般都可视为短线见顶，短线应获利了结卖出股票。

第二，当大盘指数上涨时，白线在黄线之上，流通盘较大的权重股上涨，并不意味着提示你去追涨大盘权重股。大盘权重股，一般为机构长线持有的护盘工具，很难短线抓住涨停板的。

第三，黄白线分时图，即大盘和个股的动态实时走势图，其在实战研判中的地位极其重要，是即时把握多空力量转化即市场变化最直接的可视线。那么，怎么运用黄白线分时图来研判大盘呢？大盘全天的走势往往瞬息多变，有时上午走得很强劲，白线在黄线之上，下午可能突然跳水。而有时上午跌得很厉害，白线在黄线之下，下午却力挽狂澜，单日反转。这些黄白线分时图都有率先提示。

白线在下黄线在上产生的背离，此背离方向是向上的，即使权重股杀跌，也会很快收回来。最差的情况也不过是权重股横盘而个股活跃度不够，市场在横向运行中白线和黄线交替运行。对此最好的理解是：主力机构不希望大盘下跌，也不希望大盘上涨。

总体来看，白线和黄线背离太大都不是好事，开口越小，甚至黏合，合力共振才是最好操作的，否则人为控制的指数，赚钱效应会减弱。

因此，读懂分时图才能使你炒股胸有成竹。

"眼观六路，耳听八方"的熊市抓短线技巧

波音公司创始人威尔逊说过："你要想在这个行业获得领先地位，就必须有一个灵敏度超乎常人的嗅觉！"即使在熊市中也不缺牛股，但你即使下很大功夫去寻找也如同大海捞针。假如有什么妙招能从生活中的点点滴滴的细节中捕捉到牛股，那是一件多么令人欣慰的事呀！下面的这几招都是实实在在的实例干货，读完你会豁然开朗：选牛股原来如此简单，比读天花乱坠的股评和10本炒股书都强。

"五官"不就是人们通常说的眼、耳、口、鼻吗？只听说靠软件靠内幕消息股评来炒股的，用人体器官来炒股还是头回听说，是不是太不靠谱？请别先妄下结论。"五官"指"耳、眼、鼻、口"等四种人体器官（由于眼睛有一双）。在相学上，分别被赋予一种官名：眼：名为"监察官"；耳：名为"采听官"；鼻：名为"审辨官"；口：名为"出纳官"。五官囊括了人体感知外界的所有信息接收器。中小投资者由于没有内幕消息就必须不断接收公开信息。因此生活中的每一件小事，每一个细节，都可能成为你致富的来源。故全天24小时"五官七窍"都应对外开放，将信息垃圾筛选掉，把有用的信息保留下来，体验越多，积淀越厚，内功自然就越深。这便是人们常说的：眼观六路，耳听八方。好，言归正传，下面就结合近期实战正式解密我们是怎样用五官在熊市中抓牛股的。

◆ 第一，用眼

在多年的投资实践中，看《新闻联播》是笔者"雷打不动"的习惯。2019年5月，笔者无意中在《新闻联播》里看到一则报道：国家大力推行新能源汽车战略发展。而后我立马在头条文章中分析了5元多的新能源汽车低价龙头股安凯客车，结果后来该股涨到了10.52元，短短时间内就实现了翻番。

◆ 第二，用耳

我清楚地记得：重庆市商业地产界的一帮朋友晚餐聚会，席间一位朋友谈道：重庆正在申请建国际自贸区，自贸区就设在寸滩保税区码头，笔者马上联想到受益最大的上市公司是重庆港九（600279）。于是，出于职业的敏感没等饭吃完，便驱车前往寸滩新码头，看到了内陆最先进的集装箱码头已初具规模。翌日，便以10.25元的开盘价为客户分析了重庆港九，结果该股随后最高到了14.25元，客户在13.8元左右卖出，短短几个交易日就斩获了30%。俗话说：听话听声，锣鼓听音。听出了话外之音，财神就会来敲你的门。

◆ 第三，用鼻

嗅觉灵敏是炒股者必须具备的素质之一。由于信息获取的需要，当年有媒体报道称，山东警方破获案值5.7亿元非法疫苗案，擅长炒题材的A股市场肯定会借题发挥，我马上联想到：毒疫苗事件是因为冷藏运输不当而造成疫苗失效，无疑对冷链物流概念利好。我立马叫客户在6元左右分批买入冷链物流概念的龙头股澳柯玛（600336），5个交易日后在7.8元左右分批卖出。结果，5个交易日，短线便赚了近30%。

◆ 第四，用嘴

当年三聚氰胺事件波及整个奶制品产业后，笔者想每晚喝一袋牛奶的习惯需要暂时改一改了，就想用豆浆取代。当笔者赶到豆浆机促销专柜前时发现，抢购者如云。于是，笔者专门去问了店长，这类豆浆机哪个品牌卖得最好？得到的答复是：九阳。这家品牌不仅价格最贵且在央视的广告投放也最密集。于是，笔者为客户分析了九阳股份（002242），直到三聚氰胺事件平息时，客户已经赚了不止 50%。这也使我明白了：嘴不仅仅是用来吃饭的。

著名相声表演艺术家马季先生的经典相声《五官争功》至今令人难忘。善用"五官"，生活中的每一件事、每一个细节，都有可能成为快乐的源泉。在投资领域，善用"五官"，将获得的各类信息筛选、类比，往往还是获取核心投资价值的重要途径，而且体验越多，积淀越厚，运用也就越灵活自如，而这些眼观六路耳听八方得到的平常但非常的信息，常常蕴含着巨大的投资契机。

短期底部的特征及必须牢记的箴言

我们先来谈谈短期底部的六个特征：

第一，当大盘即将进入阶段性底部时，指数在盘中表现多为窄幅整理状况；表现在K线形态上，就是K线实体较小，并且经常出现单个或连续性的小阴小阳线。

第二，盘中热点逐渐沉寂下来，只有少数板块或零星高价庄股表演自拉自唱的行情，但对市场人气起不到聚拢和带动作用。

第三，技术指标大多处于超卖区域，其中随机指标的J值至少低于20，通常是跌为负值。

第四，投资者的炒作热情趋于冷淡，投资心态较为冷静，一般不愿意采用追涨杀跌的激进操作手法，而多采用一些较为保守的观望策略。

第五，短期底部构造和下跌中继的区别是什么？下跌中继遇到短期均线受阻就会下跌，短期底部构造会慢慢收复短期均线，这是两者的不同，从空间和时间上看，短期底部构造过程中大盘震荡幅度有时会比较大。

第六，最后一跌，就像黎明前的黑暗，是一个即将发生本质变化的一刻，这是很多人梦寐以求的最低点，但是这个最低点是很少有人能抓到的。

我们再来谈谈短期底部的六句箴言：

◆ 第一：大跌之后不看跌，暴跌之后不杀跌

除了极少机构抱团取暖股，大多数个股已经跌得面目全非了，再去杀跌已不明智，世界上没有只跌不涨的股票。

◆ 第二：弱势中也有强股，跌市中也有能涨的股票

无论大势涨跌，有波浪就有机会，抓住能涨股就能战胜熊市。比如：我们在 2017 年年底底部分析的天然气龙头股，就从 4 元多涨到了 5.5 元左右。

◆ 第三：别指望买在最低价

在股价下跌的过程中，投资者往往一路看跌，但是股市的下跌绝非永无止境，等到股市下跌到最低点才买进，从概率上看几乎是不可能的。所以，投资者应从长远价值考虑在底部区域分批买进，耐心等待。

◆ 第四：最大的利好是跌过头，最大的利空是涨过头

再差的股票跌过头就会反弹，再好的股票涨过头了也会下跌。机会是跌出来的，危险是涨出来的。

◆ 第五：熊市不言底观点占了上风

每当市场中充满了"熊市不言底"之类的话时，往往是多数人不敢测底、言底和抄底的时候，而这恰恰说明离真正的底部已经为时不远了。

◆ 第六：次新股破发开始增多

2017 年在很多新上市的银行股后，步长制药、三角轮胎和赛托生物等 4 只次新股也开始破发。其中赛托生物是才上市的股票，也是当年首只破发的股票。此外，上海银行、贵广网络和博迈科后复权收盘价距离发行价已不远了。如果按不复权收盘价计算的话，则共有 18 只股票的绝对价格已经低于发行价。这些都是底部区域的典型特点。

股如其人，掌握其"个性"才能出奇制胜

人是有个性的。个性又叫人格，是指一个人独特的、稳定的和本质的心理倾向和心理特征的总和。股市里的每只股票会和人一样有自己的个性。比如有的股票天性活跃，一有机会激活便会有一鸣惊人的表现；有的股票天性沉静，一年当中也难有表现。有的股票跟风性很强，一有风吹草动便会大幅波动。我们把股票的这种个性称为"股性"。投资者如果能够花时间和精力研究一下自己所持股票的股性，将对你的投资活动大有好处。

这里将本人对沪深股市一些股票的股性研究心得与投资者朋友进行交流。总体而言，股票的股性可以分为三种：

◆ **第一：股性"活"的股票**

由于这类股票要么有最热门题材；要么有长庄进驻；要么股权特殊（比如无实际控制人，容易被收购重组）；基本上与业绩无关，每当股市有行情时它们往往率先启动，在大盘调整之时也常常会有所表现。股性活跃的股票在沪深两市中有不少。最典型的比如我们在市场底部分析过的5G龙头东方通信，第一波炒高到17.8元后回调到12.4元，再从12.4元连续涨到了2019年3月8日的41.88元。翻了不止一番，市盈率超过了300倍。5G题材使该股激活后涨得让人目瞪口呆。

◆ 第二：股性"死"的股票

由于这类股票要么盘子较大，业绩也不错；要么群众基础不好，基本上由机构持有，所以这类股票股性"死"和"呆滞"，每当股市下跌时出来托住指数，每当股市有行情时它们的表现也会慢半拍。这类股性"死"的股票在沪深两市同样也有不少，典型的比如"两桶油"等。

◆ 第三：股性"不死不活"的股票

介于股性"死"和"活"之间的股票，这类股票才是沪深两市股票的主体。它们既不会领先于大盘提前反应，也不会落后于大盘行情，但是赚钱效应还是非常不错的。这类股票在沪深两市非常多，比如：最近涨得不错的科技创新类我们称之为初升太阳的股票。

那么，投资者如何针对不同股性的股票采取正确的投资策略呢？我们认为大体有这样几点值得投资者注意：

◆ 第一，投资者应当投资自己所熟悉和了解的股票

这样对于股性可以有更深的认识。试想，你如果对一只股票的股性十分熟悉，你就能够更好地把握住买入和卖出的时机，成功的概率就一定比你做不熟悉股性的股票要高许多。有不少投资大师教导我们做自己熟悉的股票，我们没有理由不牢记这句话。

◆ 第二，针对不同股性的股票制定不同的投资策略

对于股性"活跃"的股票，投资者应当敢于逢深度回调时买入并长期持有。只要你买入的这类股票不是天价买入的，即使被套牢也不用担心，因为你可能随时有"解放"并获利的机会的。

对于股性"死"的股票，投资者确实应当少碰为佳。因为这类股票太磨人了，一旦被套牢，等待"解放"的时间将十分漫长。在这一点上，投资者主要要克服"捡便宜货"的心理，因为这类股票，价位通常是十分"便宜"的。

对于股性"不死不活"的股票，投资者应当有足够的耐心并遵守严格的纪律，因为这类股票一年中表现机会毕竟也是有限的。必须是波段操作，理想的投资策略是在底部区域买入，有了30%左右的收益，逢高坚决出货，不能抱不切实际的翻番幻想。

◆ 第三，投资者还应当用发展的眼光、辩证地分析问题

随着我国股票市场风格的不断转换，广大投资者的素质和技巧不断提高，很多股票的股性也在悄悄地发生着变化。尽管"江山易改，本性难移"，但某种情况下，"股性"还是可以"移"的。

总之，面对上述这些情况，投资者必须用发展的眼光、辩证的眼光加以看待、分析，并及时调整自己的思维模式和操作策略。

结合实战谈巧抓翻番牛股的五大绝招

作为投资者如何才能在一轮像样的行情里抓到大牛股呢？下面从我们发现人民网（603000）的五绝招方法中或许可以学到在股市中抓到翻番牛股的方法。2019年2月21日我在网上发表的一篇文章《股如其人，掌握其"个性"才能出奇制胜》中重点分析的人民网，当时股价是12.31元，到3月7日其股价最高为25.56元，实现了短期翻番。

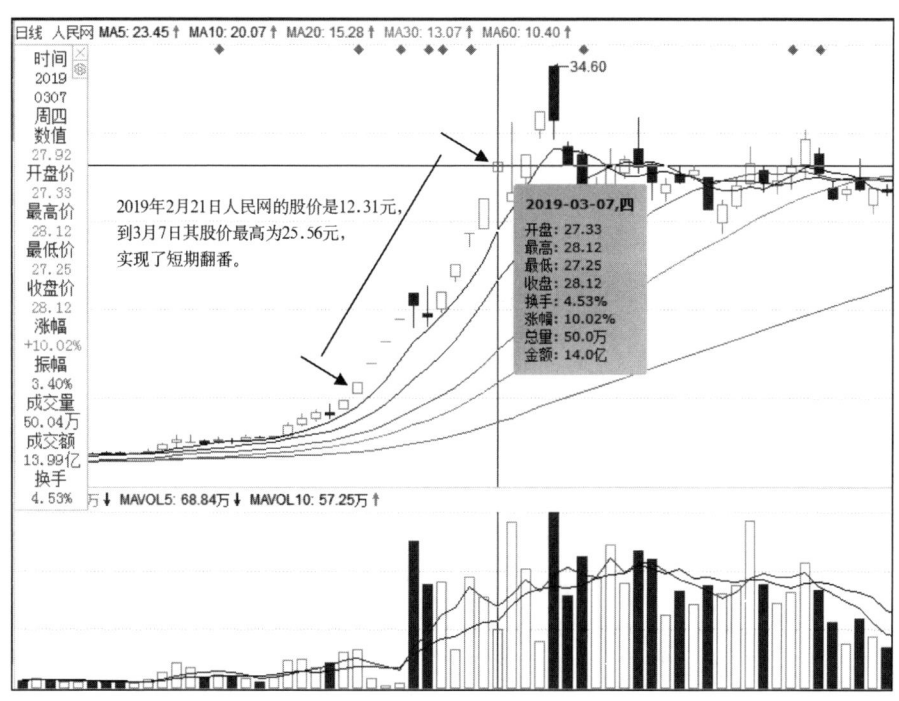

掌握人民网"个性"阳线成堆，实现了短期翻番

◆ 第一：超跌

当时，人民网从 25 元跌到 5.98 元，股价腰斩了又腰斩，后来在 12 元的底部区域形成了标准的 W 底，在底部区域放量长阳成堆，而阴线却极少，明显有大资金无视大盘涨跌在逢低建仓。一般大牛股的主力应是有实力的庄家，他们看中的是该股票的基本面，往往敢于在逆市中建仓，等大势转暖，自然会拉高股价。

◆ 第二：右侧交易

股价在低价区时，W 底的右肩完成后，底部逐渐抬高，股价突破短期均线就可买入。比如：2019 年 2 月 21 日分析过的人民网，当时股价是 12.31 元时，正逢该股放量站上了所有短期均线，进入了右侧交易上升周期，这个时间大胆买入就会收益颇丰。

◆ 第三：换手率

我们称之为标准的红肥绿瘦。如何看换手率中的门道？那就是主力建仓期阳线换手率远远大于阴线换手率。大牛股的换手率一般是阳线的换手率是阴线换手率的一倍甚至更多。大牛股主力在做盘前是有征兆的，先要打破建仓期高了就压下来的规律。先拉一根中阳线，再来一根小阴线，让不坚定的散户及短线客获利出局，以减轻拉升的抛压。显然对散户来说，这是他们最容易出货的位置，那么，自然是主力接走了散户的获利盘。我们还是以人民网为例：从底部上来，阳线多阴线少，阳线放量换手率非常高；阴线缩量换手率非常小。这样形态的个股几乎毫无例外翻了番。

◆ 第四：大牛股的目标位

大牛股最后的飙升浪从底部的震仓低点算起，到高点应是超过 100% 或更多的上升空间，也是我们通常说的翻番。最后连续拉出大阳线诱多出货，那么，这只牛股的拉升期就结束了。

◆ 第五：周线二次金叉抓大牛股

当股价（周线图）经历了一段下跌后反弹起来突破30周线位时，我们称为"周线一次金叉"，这只不过是庄家在建仓而已，我们不应参与，而应保持观望；当股价（周线图）再次突破30周线时，我们称为"周线二次金叉"，这意味着庄家洗盘结束，即将进入拉升期，后市将有较大的升幅。我们应密切注意该股的动向，一旦其日线系统或者分时系统(60分钟，30分钟)发出买入信号（如MACD的小绿柱收敛，红柱出现，即为买点），我们应该毫不犹豫进场买入该股。另外我们也可以延伸出"月线二次金叉"产生大牛股的条件，可以说90%的大牛股具备这一特征。当然、人民网也不例外，你去看它腾飞时的周K线，我们在12.31元推出该股分析时，正是周K线二次金叉时。

结合实战谈谈四根常用均线的看盘技巧

均线是最常用最直观的判断趋势的K线。下面我们就结合实战谈谈四根常用均线的看盘技巧。

◆ 第一条：5日均线，俗称攻击线

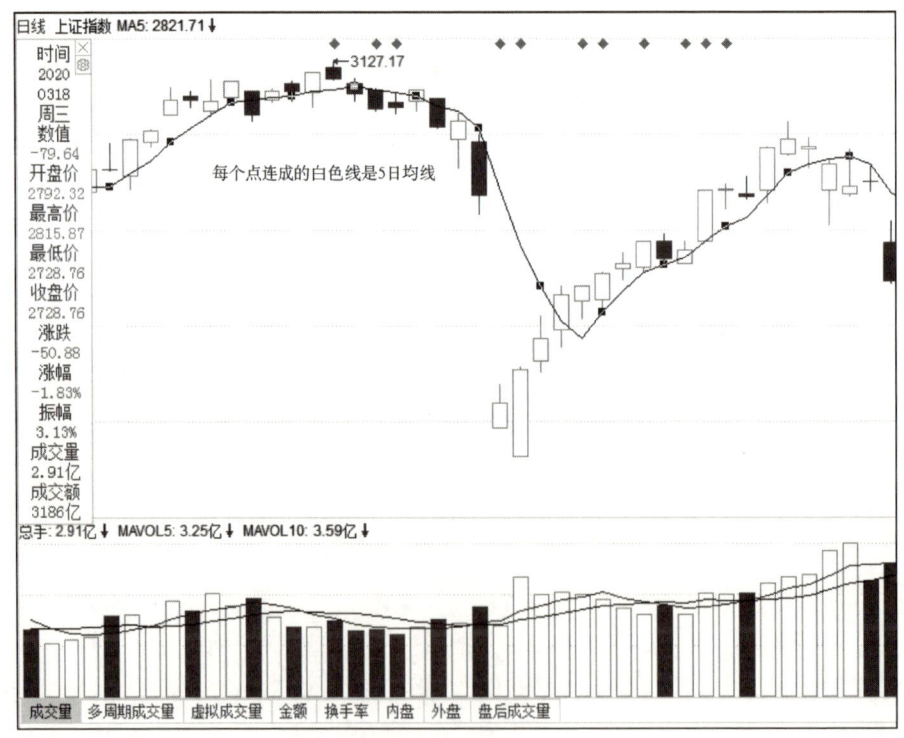

5日均线示例图

大多数强势股在上升趋势没改变时都是沿着 5 日均线向上攻击的。攻击线的主要作用是推动价格在短期内形成攻击态势，不断引导价格上涨。如果攻击线上涨角度陡峭有力，则说明价格短线爆发力强。反之则弱。比如，我们之前分析过的沪电股份就是沿 5 日均线持续走牛的。如果偏离 5 日均线太远，就会回调纠偏，回踩 5 日均线后会再创新高。

在实战中，当价格突破攻击线，攻击线呈陡峭向上的攻击状态时，则意味着短线行情已经启动，此时应短线积极做多。同理，当价格击穿攻击线，攻击线呈向下拐头状态时，则意味着调整或下跌行情已经展开，此时应短线做空。

◆ **第二条：10 日均线，支撑线**

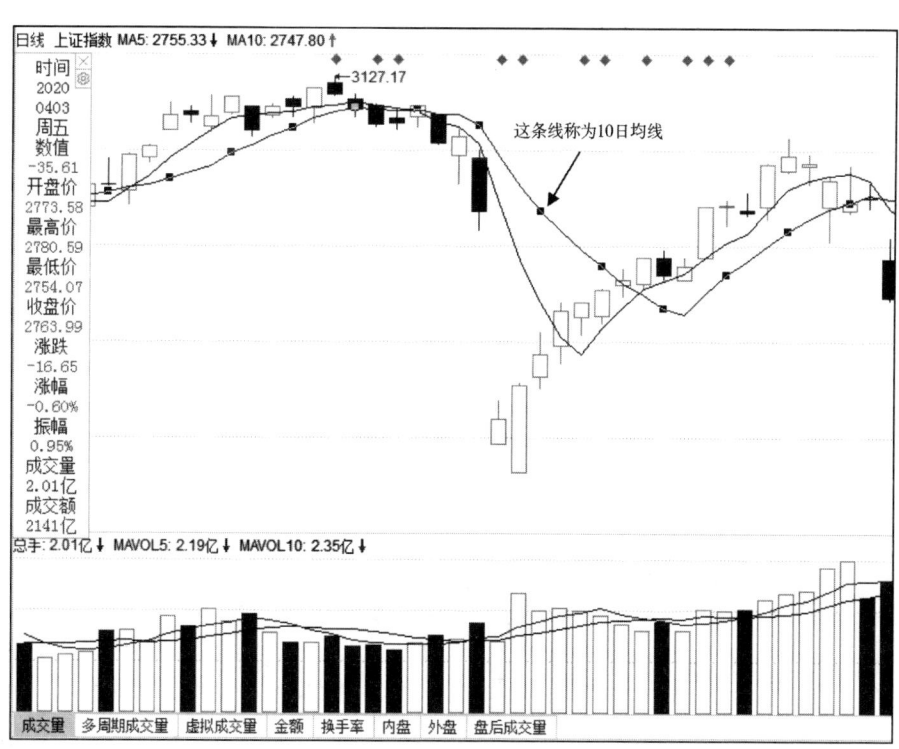

10 日均线示例图

支撑线的主要作用是推动价格在一轮中级波段行情中持续上涨。如果支撑线上涨角度陡峭有力,则说明价格中期上涨力度强。反之则弱。比如,我们之前分析过的兴森科技在回调时不破10日均线,其后便创出了新高。

在实战中,当价格突破10日均线,支撑线呈持续向上的攻击状态时,则意味着波段性中线行情已经启动,此时应短线积极做多。同理,当价格击穿支撑线,支撑线呈向下拐头状态时,则意味着上涨行情已经结束,大波段性调整或下跌行情已经展开,此时应做空。

◆ **第三条:20日均线,辅助线**

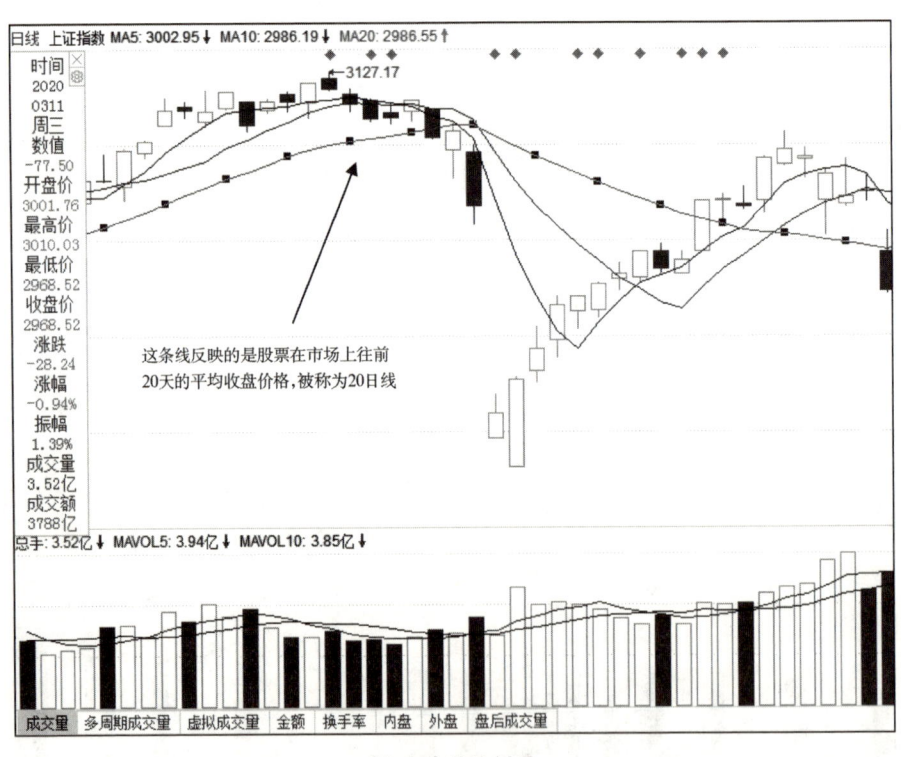

20日均线示例图

辅助线的主要作用是协助支撑线,推动并修正价格运行力度与趋势角度，稳定价格运行方向。同时，也起到修正生命线反应迟缓的作用。在一轮波段性上涨行情中，如果辅助线上涨角度较大并陡峭有力，则说明价格中线波段上涨力度极强。反之则弱。比如，我们之前分析过的威海广泰上升途中20日均线向上发散推动并修正价格的运行力度与趋势角度，升势如虹。

在实战中，当价格突破辅助线，辅助线呈持续向上的攻击状态时，则意味着波段性中线行情已经启动，此时应短线积极做多。同理，当价格击穿辅助线，20日均线呈向下拐头状态时，则意味着阶段性中线上涨行情已经结束，阶段性调整或下跌行情已经展开，此时应做空。

◆ 第四条：60日均线，生命线

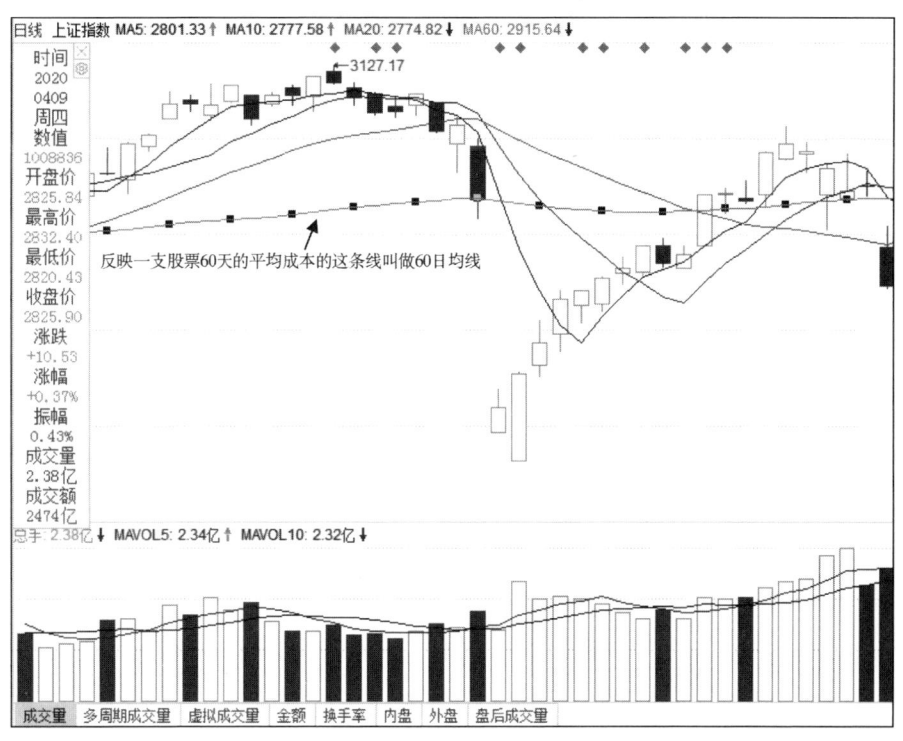

60日均线示例图

生命线的主要作用是指明价格的中期运行趋势。在一个中期波段性上涨趋势中，生命线有极强的支撑和阻力作用。如果生命线上涨角度陡峭有力，则说明价格中期上涨趋势强烈，主力洗盘或调整至此位置可坚决狙击。反之，则趋势较弱，支撑力也将疲软。比如，我们在2019年9月的第一个周三《站稳六十日均线　剑指三千点》一文中指出，大盘已经连续三日站上了60日均线，之前我们一再强调要把60日均线作为生命线，如果站稳了60日均线，一轮中级反弹就呼之欲出了。右侧交易形成，再次上攻3000点已经水到渠成。果不其然，周四沪指攻上了3000点。当然，3000点区域有震荡反复，但最终会被拿下。

在实战中，生命线是一个波段上涨或下跌行情的生命基础，当价格突破生命线，生命线呈拐头向上攻击状态时，则意味着中线大波段行情已经启动，此时应中线积极做多。一般而言，生命线在波段行情的阶段性调整过程中，不会轻易被击穿。然而，一旦价格击穿生命线，生命线呈拐头向下状态时，则意味着更大级别的调整或下跌行情已经展开，此时应中线做空。

慧眼识"妖股"的三大特征

见过炒低价妖股的,没见过像"风范股份""东方通信"如此"妖"的!

市场认为,风范股份作为特高压龙头,其上涨逻辑源于2018年12月25日国家电网公司召开新闻发布会,宣布在前期增量配电、交易机构和抽水蓄能电站等混合所有制改革探索的基础上继续加大"混改"范围和力度,推出向社会资本首次开放特高压建设投资等一系列举措。随着特高压首次开放,国家电网"混改"提速,特高压板块随即启动,2018年12月26日风范股份出现涨停。

的确,风范股份是国内少数几个能生产目前最高电压等级1000KV输电线路铁塔的企业之一,也是国内少数几家拥有自主知识产权并生产复合材料绝缘杆塔的企业,且又中标国家电网2.4亿元项目。但这是炒业绩预期吗?根据风范股份1月4日晚间披露风险提示公告,近期公司在国家电网及南方电网累计中标金额约为6.69亿元,约占公司2017年营业收入的30.45%。上述中标项目属于常规中标及中标时间相对集中,与过往相比无明显变化,整体占比不高,而且因收入确认滞后性,上述中标对公司2018年业绩基本无影响。我们从风范股份2018年前三季度公布业绩来看,风范股份实现营业收入18亿元,同比增长3.31%;净利润3999万元,同比下降74.49%。对此,公司解释主要是受原材料价格波动影响,公司报告期销售毛利率较上一年度同期大幅下降所致。其市盈率高达120倍。显然，风范股份的爆炒与业绩无关，与超跌＋低价＋题材有关。

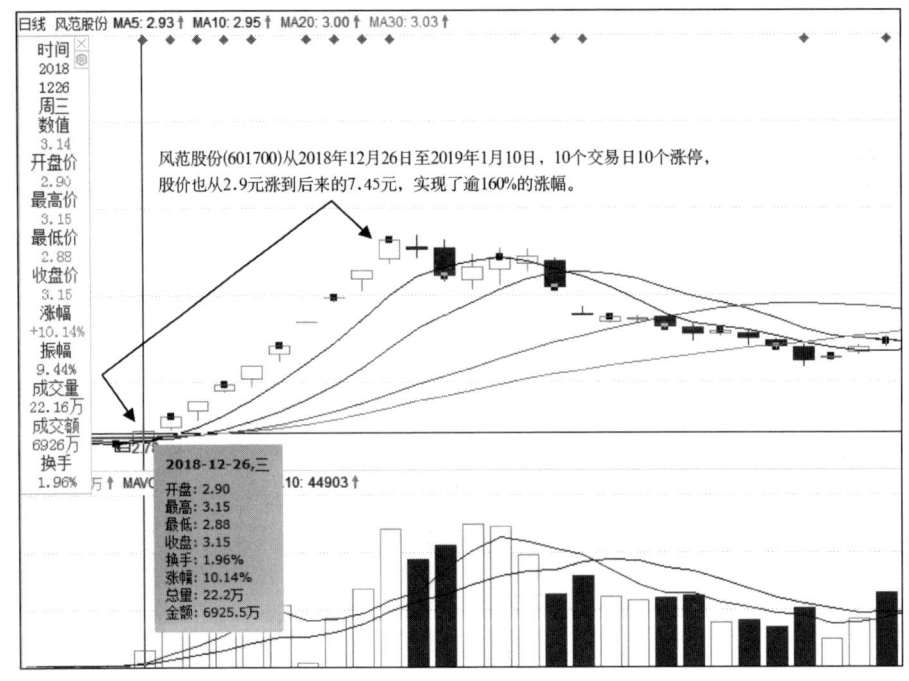

爆炒"妖股"风范股份，致逾160%的涨幅

无独有偶，走牛的还有5G板块。2019年1月9日5G龙头东方通信(600776)再度大涨，这已是该股近9个交易日的7个涨停板后的连续上涨。该股从5元起涨，到1月9日股价16.29元收盘，已经翻了2倍多，其市盈率高达200倍。由于短期涨幅过大，东方通信公告，公司企业网与信息安全产业2017年的营业收入占比为13%，该产业主要产品为PDT与TETRA制式专网通信产品，与5G通信网络建设关联性不大；公司信息通信技术服务与运营产业2017年的营业收入占比为22%，目前国内5G网络建设尚未正式启动，具体发展进程尚未明确，该产业参与5G通信网络的建设及参与份额尚存在不确定性。

我们从公开的龙虎榜数据来看,在东方通信股价短期大幅上涨的背后,机构专用席位无一上榜,游资依然扮演着非常重要的角色。如出一辙,风范股份自2018年12月26日至1月9日已经8次进入龙虎榜,其中只有1月2日有一机构席位卖出1680万元,其余几天的龙虎榜内均为清一色游资席位。这再一次印证了,超跌+低价+题材是短期翻番的游资炒作手法。

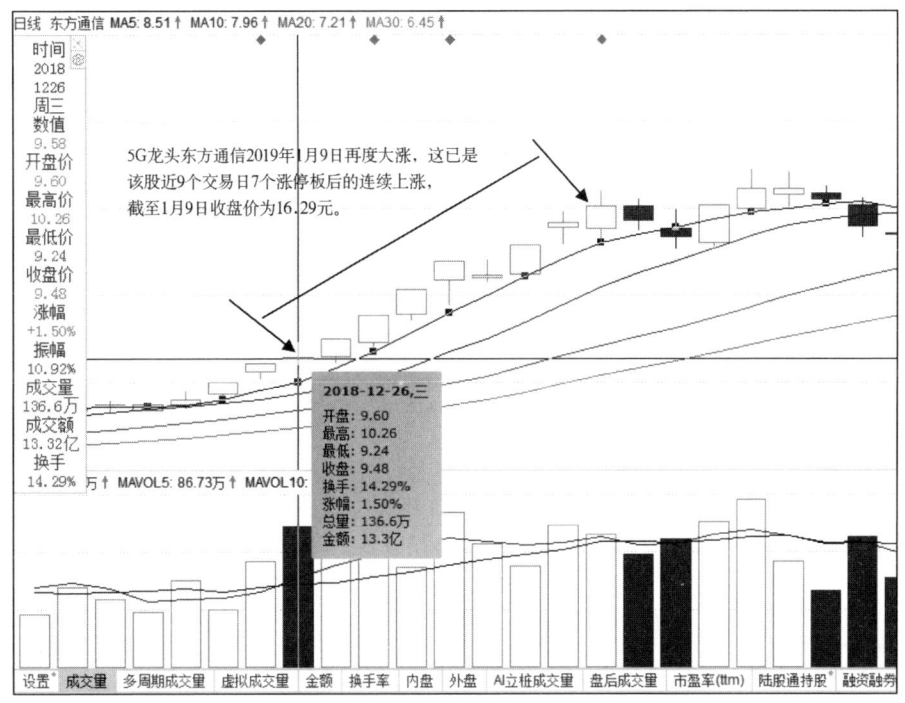

超跌+低价+题材是短期翻番的游资炒作手法——东方通信

何为妖股?股市上通常把那些股价走势奇特、怪异的股票称为"妖股"。它们的走势与大盘或常理相悖,完全不符合基本的技术分析规律,让人难以把握,明明是家亏损公司却连连拉出涨停。妖股是游资操纵出来的,想让它涨多少就能涨多少。所以,我们称妖股为"看股",这类个股不必去眼红追高。但如果能在其起涨时发现其妖性，是不是能在弱市中赚大钱呢？妖股起涨前一般有三个典型特征：

第一，但凡游资相中的妖股，都是股价腰斩后在低位长期横盘滞涨的个股，一旦有题材就旱地拔葱，以底部拉升竖起来暴涨为主要标志。

第二，以迅雷不及掩耳之势突然放量。妖股往往量能突然放大，与前段时间比，放量情况比较明显。匀量上升的股票上涨的幅度更大，连续几天出现巨量甚至是暴量上涨的股票，其后一般会成为妖股。

第三，难以跟风。低价股成为妖股，都是游资的杰作，下手狠而快。当大家开始注意到它的与众不同时，股价已经这山更比那山高，加速上涨很多了。多数散户会认为它是不可持续的，避之唯恐不及，不敢去跟风追猎。它却一鼓作气涨到股价翻倍，散户们哀叹悔恨，这就是所谓的难以跟风性。难以跟风性还有一特征就是散户越不跟风它越涨，主力出不了货就自拉自唱，直到散户经不住诱惑去当接盘侠，妖股才褪去妖气。

数据揭示：股市的涨跌有规律

经常有投资者问我："股市的涨跌有规律可循吗？""有！"我斩钉截铁地说。不信，可以看看下面的分析。

2020年春节前夕，中国人民银行发布1月金融统计数据显示：2019年末存贷款双双创下新高（人民币贷款时隔两年再创历史新高，人民币存款则创下历史同期最高），然而，很少有人关注一个存款分项指标的变化，非银行业金融机构存款暴增1.59万亿元人民币，为有数据发布以来的历史第三高，远超历史均值。但如果探究这一指标的历史，不难发现其前两次高点的出现恰逢2015年5178点股市高位暴跌之前，再联系2020年春节前夕A股遭遇的"黑色收官"，非银存款暴增伴随股市巨震，有着惊人的重叠和相关性。

所谓的非银行业金融机构存款，主要包含非银行类金融机构（如券商、信托、保险、基金等）托管在商业银行中的各类账户资金，以数据的暴增为例，这表明金融体系的资金在短时间内大幅流向非银行金融机构。我们来看一组数据，该项指标从2015年1月起开始发布，数据波动较大，有正有负。截至2019年12月，其历史均值为1843.7亿元，中位数为2170亿元。历史上，该指标仅有4次突破万亿规模，分别是2015年4月的1.03万亿元，5月的1.94万亿元，7月的1.81万亿元，以及2018年1月的1.59万亿元。

非银金融机构存款每次破万亿的背后，都有股市像打了鸡血般的狂热。在"改革牛""政策牛""结构牛"等各种助推下，各类杠杆资金浑水摸鱼大笔投向股市，有的场外配资超过了1配10。非银金融机构存款第四次破万亿元，"蓝筹牛"拉指数行情不请自来。2019年开年，A股市场出现了历史罕见的连续上涨局面，上证综指更是以一波11连阳，创下1992年以来的连涨记录。与此同时，"大牛市来了""5178点见""现在买蓝筹股胜于买房子"等口号似曾相识地再次响起，场外配资又现江湖。

2020年春节前我们再次看到买基金居然靠"抢"的情形。某科技创新明星基金首发50亿元，结果一天募集800多亿元，申购网站一度停牌，场面疯狂。我们看到在大量资金推动下的A股市场于2020年春节前开始快速走高。然而随着新型冠状病毒的突发，股灾3.0版开始了，出现了大回调。

有人怪罪这次暴跌源于美国股市的回调，人家美国股市走了十年牛市，A股跟跌不跟涨，A股春节"开门黑"的跌幅远超美国，这些牛人怎么就不长记性，不从乱象横生的机构坐庄割散户韭菜等自身找原因？每次股市暴涨暴跌，都是大量加杠杆的违规资金入市遭监管棒喝喊停，违规资金出逃才是每次股市暴涨后下跌的主因。

既然，非银金融机构存款数据同股市涨跌关联如此大，作为投资者就应用"放大镜"盯住这一数据，因为它对你的投资盈亏举足轻重。

经典缺口理论在实战中的运用

上证指数在 2019 年 4 月 1 日出现了一个近 30 点的跳空向上大缺口，这个突破缺口昭示上证指数向上变盘，同时也让我们重新审视经典缺口在实战中的运用。从缺口发生的部位大小和补缺的时间长短，可以预测未来走势的强弱，确定是向上突破还是已到趋势之尽头的向下调整。它是研判各种形态最有力的辅助手段。因此，大盘缺口理论一向是投资者必须读懂的重点。下面，笔者就结合实战分析几种经典缺口对大盘或个股短中期趋

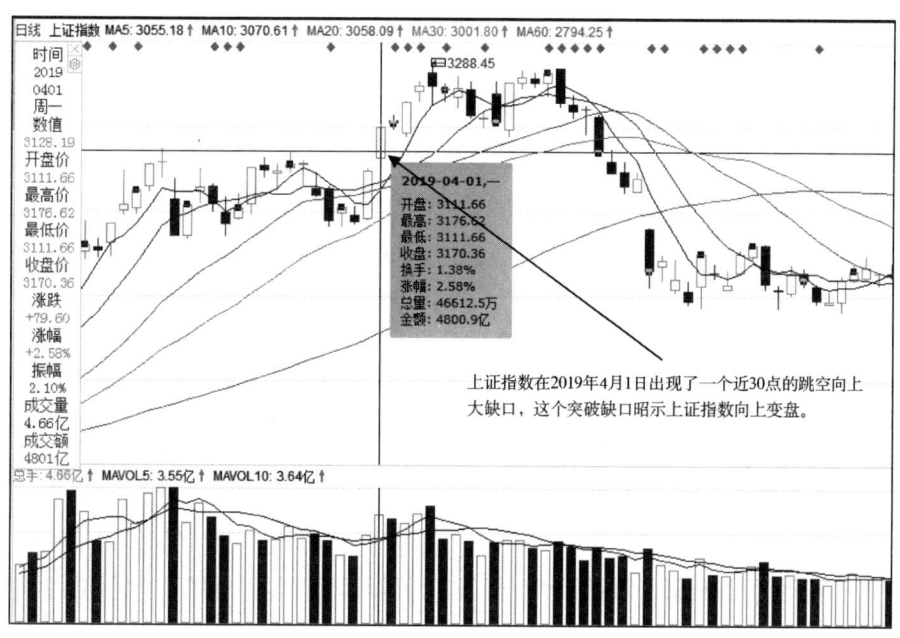

"突破缺口"实例——上证指数

势的影响：

◆ 第一，突破缺口

突破缺口通常发生在一段价格整理区之后。当价格在交易密集区完成整理并发生突破时，常以缺口形态显现出来，这种缺口便是突破缺口。

突破缺口发生的原因主要是：停牌重组复牌后或者是在一段长时间的价格整理时，颈线附近的价位在整理期间不断出现卖压，而多头力道前仆后继地将卖压消化。终于在某一时点，颈线附近的卖压被消化完毕，于是价格便在需求力道推进下向上跳空，形成缺口。由于价格以跳空的方式突破颈线，因此这缺口便称为突破缺口。由此可以看出，突破缺口是十分重要的价格信号，即价格正式突破颈线。如果这个突破伴随着大的成交量，则可以确认这个突破是一个有效的突破，为强烈的买进信号。由于突破缺口是一个价格将展开一段趋势的信号，因此，大量的突破缺口通常不会在短时间内被填补，这是因为带量的跳空突破其强度已较一般带量突破表现出更为强烈的信号，因此不太可能发生缺口被填补这种技术性弱势格局。比如：我们在2019年2月21日发表在网上的一篇文章《股如其人，掌握其"个性"才能出奇制胜》中重点分析的人民网(603000)2月21日出现了一个跳空向上的缺口，这个跳空缺口就是典型的向上突破缺口，其股价也从当日缺口价12.31元上升到最高的34.60元，翻了近2倍。

◆ 第二，逃逸缺口

逃逸缺口又称为连续缺口或是衡量缺口。逃逸缺口主要出现在价格趋势出现笔直的走势情况下，即快速的涨势或跌势之中。趋势由承接期发动后将呈现加速发展现象，并且伴随大的成交量。在这个过程中，激情的追逐常会出现宽大的缺口，这代表着巨量换手成功。并且这个缺口的出现，也确保了主升段的持续走势。所以就整个趋势的长度来看，第一个逃逸缺口透露出市场对后市的看法，认为还会持续既有的趋势并且幅度会相当大,如此才足以吸引一批换手量。当第一个逃逸缺口出现时,大致便可衡量出整个趋势的长度,缺口代表着趋势只进行了一半。

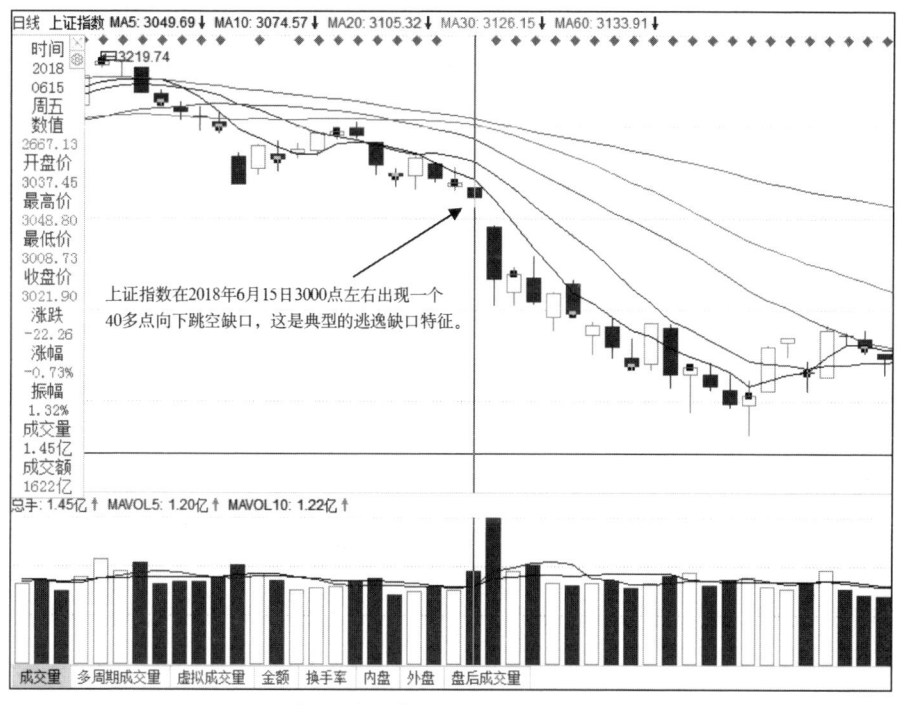

"逃逸缺口"实例——上证指数

在一段上升或下降的走势中,逃逸缺口可能出现两三个,这代表着市场的激情可能使行情延伸,对趋势中点的衡量可以用第一个及第二个缺口的中点来当作趋势走势的中点。比如上证指数在 2018 年 6 月 15 日 3000 点左右出现了一个 40 多点的向下跳空缺口,这便是典型的逃逸缺口,其后上证指数跌到 2440 点。

◆ **第三，竭尽缺口**

竭尽缺口代表一个走势的末端，是趋势力道衰竭的象征。一般而言，跳空缺口是市场力道的展现，尤其是带量的跳空缺口。然而，在缺口发生后如果后继乏力，走势为之停顿，则显示这个缺口是市场的最后一股力量，之后市场已无动能再维持原有的趋势了。因此这道将市场动能全部耗尽的缺口，显示出来的含义便暗示了市场的力道将可能出现竭尽态势，进入整理或反转的可能性大增。

竭尽缺口如同逃逸缺口，亦是发生在快速的涨势或跌势中。但竭尽缺口是由盛而衰的表征。不过，在快速的涨势或跌势中，必须去分辨是竭

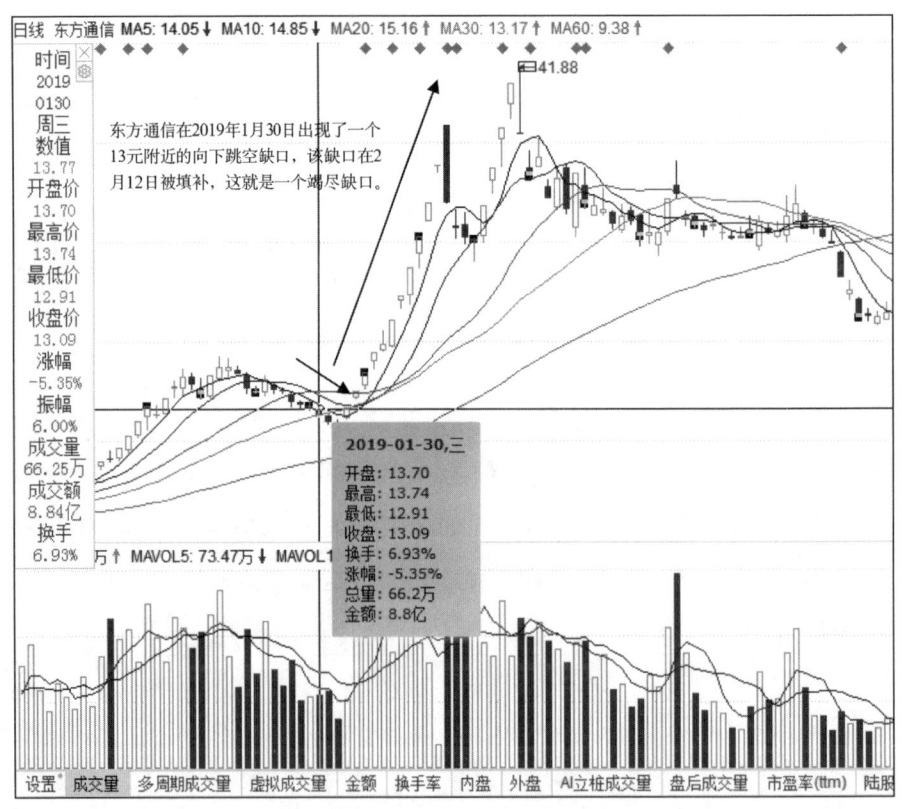

"竭尽缺口"实例——东方通信

尽缺口或是逃逸缺口。由于快速走势的第一个缺口一定是逃逸缺口，因此最简单的方法便是以逃逸缺口的发生位置当作走势的中点来计算整个趋势的长度，从而便可判断该处所发生的缺口是不是竭尽缺口。另一个判断的方法是成交量，如果当天爆出不寻常的巨量，并且宽度更宽时，则很可能是一个竭尽缺口。就是否被填补的角度来观察，则竭尽缺口通常很快便会被填补。这个填补的含义即为趋势中断之意。比如：东方通信(600776)在2019年1月30日出现了一个13元附近的向下跳空缺口，该缺口在2月12日被填补，这就是一个竭尽缺口。其后，东方通信股价一鼓作气涨至37.07元的涨停板价，其后回补了向上跳空缺口从涨停板跳水到收盘的30.67元，巨震达21%——这就是典型的竭尽缺口。

借你一双慧眼，盘中识庄抓牛股

盘中识庄是一种非常实用的技巧（包括大盘及个股）。盘中是多头和空头博弈最为激烈的时段，每天开盘后，个股盘中快速拉升表示多头力量强大，买盘踊跃，多方占据优势。如果收盘中阳或长阳，说明多头占市场的主导地位；如果收盘收出阴线，说明空方暂时领先。下面，我们就来结合实战谈谈盘中识庄三部曲。

◆ 第一，尾盘拉高收出光头阳线

先看大盘，如果大盘尾盘拉高收盘，即股价在临收市前的较短时间内，突然出现一波放量的急速拉升，在K线图上出现一根放量上涨的大阳线，这表明市场有利好在流传，翌日继续收阳的概率较大，可以即时跟进。比如2019年12月3日大盘收出了光头阳线，翌日也收出了阳线，随后连收七阳。庄家机构都喜欢在尾盘对持仓个股或者大盘进行控制，要么拉升，要么打压，以达到技术上骗线的目的，制造多头或空头陷阱。

这时需要注意两点：

1. 注意将个股的价格和技术形态结合判断分析。如果一只股票构筑缓慢的上升通道，并走进拉升期，那么，这个时候的急速拉高属于本身趋势形态上涨加速，在股价快速腾飞的初期，可以适度跟涨；反之，则应该观望。

2. 如果个股在高位出现"尾盘拉高"，则是一个危险信号，表明该股已经处在头部区域，即使日后还有可能再创新高，实质上也是强弩之末，属明显的上涨乏力，投资者需及时卖出。

◆ **第二，尾盘压低收出光脚阴线**

主力尾盘压低收盘的特征：个股股价走势原本正常，但在收盘前一两分钟内（有时甚至从收盘前15分钟开始）突然出现大手笔抛单，股价随之出现一定幅度的下跌。大单压盘，指在五档卖盘上出现大卖单压盘。如果是在短时间内出现大单压盘，则有可能是庄家所为。

如果持续出现大单压盘，则基本可以断定有两种可能，一是庄家知道了大盘及个股的利空消息，提前抢跑了。二是庄家打压是为了吃货。

投资者需注意的要点：分时图中，全天绝大多数时间股价运行在均线之上，收盘前突然打压至均线下方。正常情况，当日本应收出阳线，但却在收市前瞬间砸至阴线。在较短的时间内，所跟踪的个股不断出现尾盘遭打压的情况。这时就应注意观察。

◆ **第三，向上或向下对倒**

我们先看看向上对倒：

对倒是庄家在不同的地方开设多个户头，然后利用对应账户同时买卖某个相同的证券品种，人为拉抬或打压股价，以达到出货或打压后以便低价吸筹的目的。出现向上对倒，一般是主力高度控盘个股，或者是股价进入上涨阶段的标志。诱多出货是主力在出货的过程中经常使用的一种手段，主力故意制造股价走势强劲的假象，以此来诱惑投资者入场接盘。

主力出货时出现向上对倒的操作要点：①盘中出现向上对倒时，股价已经经过了大幅度的上涨；②经过向上对倒之后，股价被拉升到一定程度后，出现了明显的滞涨现象，有的甚至出现快速的回落，或者在高位震荡，成交量持续放大。③当股价被向上对倒拉高到一定程度之后，在委买处却很少有大手笔的买单。出现以上这些迹象后，基本可以确定，此时出现的向上对倒是主力出货的行为,目的就是吸引外场资金入场接盘。其特征为:股价在下午2:00之前,一直处于低迷的运行状态,股价波动的幅度相当小,成交量呈现出极度萎缩的现象。但在下午2:00以后,甚至在收盘前半小时,股价突然放量上涨,甚至是涨停,但涨停封不住,K线上留下很长的上影线。

我们再看看向下对倒:

出现向下对倒现象时,一般是庄家在测试下档的支撑情况,这也有两种情况。一是为捡低价筹码作前戏。投资者经常看到在买一到买五的位置中出现大单,这种情况我们称为大单托盘。如果在一天的时间内多次出现大单托盘,那么这有可能是庄家所为,但托盘后股价不涨反跌,这无疑是庄家还不希望价格上涨,离自己的成本区很近,庄家在后市会继续逢低吸筹。二是股票处于相对的高位,主力获利丰厚,并做出托盘动作,其实上方的抛盘都是主力自己对倒出来的,稍有小涨就会下跌,这很有可能是庄家准备出货而故意设置的陷阱,接下来庄家有可能砸盘出货,股价直奔跌停而去,让散户逃命无门。

判断个股是反弹还是反转的简单五招

我们分析的很多只个股都曾创出了新高,实现了反转。毫无疑问:所有的个股反转行情都是由反弹演变而来的,但并不是所有的个股反弹行情都可以演变成反转行情。如果你抓住了反转个股,心里是不是乐开了花?

那么我们如何判断个股是反弹还是反转呢?下面简单五招供你参考:

◆ 第一,从个股底部构造得是否充分上看

个股经过前期大幅下跌后,成交量长期低迷。股价已经跌无可跌,在多次利空的打击下,几次探底,但下跌动力明显不足,无法再创出新低,底部形态明显,底部连续阳线,这是反转的首要条件。而反弹是在下跌趋势里的一种技术性回补,反弹的底部构造不充分。反转的个股底部构筑完成后,先于大盘止跌,进而率先走出逆市上涨的独立行情,上涨力度非常强。反弹的个股却是随波逐流,随大盘反弹而反弹,上涨力度比较弱。

◆ 第二,从成交量上看,是否"量能充分"

如果某只个股是反转的话,在筑底完成后,向上突破时,成交量成倍放大,而且连续放出巨量,此时的量应当接近或超过上一波行情顶部的量,从底部向上突破时的量越大,说明量能越充分,反转的可能性越大。而反弹的个股成交量较小,即使能放出巨量,巨量也不是连续放出,无法维持量能,说明多头后续能量不足。

◆ 第三，从炒作理念上看，是否当前热点

在个股反转行情里，市场会诞生一种"全新"的投资理念，也即我们所称的：当前的热点，同时还会有一些全新的题材和概念。而反弹的个股里，缺乏新理念和新思维，只是在重复过去的一些陈旧的题材和概念。比如：我们曾连续分析过的三季报业绩大增的 5G 及人工智能、云计算、大数据等科技创新概念，很多个股在大盘反弹时创出了历史新高。

◆ 第四，从技术上看，短、中、长期均线是否形成"多头排列"

个股反转行情中，短期均线上升强劲有力，中期均线紧随其后，长期均线开始拐头向上，短中期均线有效穿越长期均线，形成金叉，个股的整体均线系统构成"多头排列"。在反弹行情里，短中期均线虽然拐头向上，但长期均线仍然保持一定的速率向下运行，而且短中期均线无法有效穿越长期均线，反弹个股行情一般在长期均线处遇阻，成交量萎缩，股指无力有效突破长期均线。

◆ 第五，从走"主升浪"上看是否能创新高

个股反转行情中，只有走出"主升浪"才是最牛的。而走"主升浪"的股票，必然存在下列特征：高举高打，不断创出新高。上涨趋势中，一浪高过一浪，这样可以让我们看清股价所处的浪形，是第一浪、还是第三浪，抑或第五浪。要选反转个股"主升浪"的话，选择跨越第三浪介入才有较高的稳妥收益。反弹的个股，一般难以展开"主升浪"，在第三浪就会犹豫不前。这是选择反转个股的浪型及思路。走"主升浪"的股票，其上涨之所以称为"拉升阶段"，在于其涨升力度强劲。这时一路持有就能收到"大红包"乃至翻番。

把握震荡的市道中操作最稳妥的五个节奏

在震荡的市道中，可遵循以下波段操作方略：

◆ 第一，把握短线波动，逢低介入

波段操作是适应国内股市波段运行特点的有效操作方法。这种方法虽然不是最好的方法，但始终是一种成功率比较高和抗风险比较强的方法。这种灵活应变的操作方法可以有效回避市场风险，保存资金实力，培养市场感觉。由于大盘前期炒高的白马权重股出现回调，导致股指极不稳定，一有风吹草动便会出现恐慌性的抛盘。

◆ 第二，抓热点龙头，高抛低吸

个股波段操作持股时间的长短，应该以热点龙头持续运行周期为依据，当个股持续热点波段较长时，就应该采用中长线操作方法；当个股持续热点波段较短时，就应该采用短线操作方法。让自己适应市场，而不是让市场适应自己。通过近段时期的市场观察，我们发现最热及持续最长的热点，还是5G板块。当然，对这一热点某些炒得很高的个股，比如：武汉凡谷等应短线获利了结，对一些不是最热的热点，在大盘回调时出现较大涨幅的个股也不要追涨。而那些原来就未大涨，下调却较猛而且质地并不坏的个股，股价出现反弹后风险倒不是很大。对最热的热点，回调下来逢低介入应是不错的选择。5G板块的炒作可能持续一两年。

◆ 第三，适可而止，量体裁衣

所谓波段，就是某只股票在一定时间内的高价与低价差。无论牛市或熊市，市场都会有这样的机会，而市场的机会总是提供给那些反应敏捷、判断正确的投资者，提供给那些善于把握波段的人。在大盘尚未连续放出上攻的成交量时，逢顶背离卖出是较理性的抉择。如果一只股票继续向上的攻击力消失，特别是成交量出现异常放大，不管它的业绩如何、基本面情况怎么样，都必须暂时离场。

◆ 第四，观测生命线，控制好仓位

波段操作的最大特点是不能满仓操作。在大盘尚未确立反转之前，波段操作者只能当一名"滑头"。我们一再强调要把60日均线作为生命线，如果破了60日均线，就要把仓位降下来。短线资金可控制在30%左右。

◆ 第五，把握波段节奏，灵活操作

波段操作的主要分析手段是技术分析，因为只有技术分析才能够将市场的数据和变化轨迹很清晰地呈现在分析者面前。分析者可以将数据和图表有机地结合起来，找出市场波浪运行规律，短线投资者关心的是分时K线、日线；中线投资者关心的是周K线、月K线；长线投资者关心的是半年线、年线。短线投资者的特点就是讲究一个"快"字，而中长线投资者则可做较大的波段。因此，应根据自己的特点及市场的趋势来把握波段操作的节奏。

中国"芯"将成为翻番牛股

很多年前有首流行歌曲《我的中国心》,久唱不衰,其中有句歌词是:"洋装虽然穿在身,我心依然是中国心。"这里我改了一下:洋装虽然穿在身,我"芯"依然是中国"芯"。

智能手机芯片市场,被认为是继计算机、互联网之后世界产业技术革命的第三次高潮,孕育着前景广阔的大市场。作为"洋装"的世界主要芯片制造商英特尔、高通和三星等都在此下大赌注。在智能手机芯片市场,高通一直处在领先的位置,但高通的野心不仅局限于智能手机领域,更是把手伸向了多个领域,高通特意推出了多款IoT芯片,用于智能洗衣机、医疗成像、机器人等不同设备。2016年首发了两款专为物联网产品打造的全新处理器——骁龙600E和410E。对于高通来说,骁龙600E和410E只是一个开始。2016年9月中旬,高通加入了由爱立信、InterDigital、KPN、ZTE等公司组成的Avanci专利联盟,方便厂商们将自己的技术使用到联盟的产品中。作为高通直接的竞争对手,英特尔近期就推出了开放型整合芯片组Curie。Curie可让开发者应用在穿戴式设备、游戏机等各种设备上,它内含信息处理、存储器与通讯芯片,搭载6轴整合感测器,可在低电量下侦测加速度与动作,可测量使用者的运动量、步数与移动距离等数值。与英特尔类似,三星也发布了低功耗"Artik"芯片。"Artik"芯片共3款型号,分别具备不同的处理、存储以及无线通信能力,可用于物联智能设备、机器人和无人机等市场。另外,三星推出健康医疗用途的物联网生物芯片组 Bio-Processor,可测量体脂肪、骨骼肌肉量、心跳与皮肤温度等信息,搭载 Bio-Processor 的小型健康管理设备很快便会推出。

我国是芯片大国,但芯片消费大多来自国外,每年我国进口的芯片金额甚至超过石油等大宗商品的进口规模。

芯片消费受制于人,不利于我国发展电子信息产业以及国家安全,因此,近年来国家确立了本土集成电路芯片产业发展的三大目标,同时还成立了国家集成电路芯片产业投资基金,使中国"芯"跳起来。

中国在服务器 CPU、桌面计算机 CPU、嵌入式 CPU、智能终端芯片、智能电视芯片、多媒体芯片、存储器芯片等领域继续取得重大进步。作为中国高端通用芯片的主攻方向和突破重点——服务器 CPU 也取得了骄人的业绩。众所周知,华为海思是国产手机芯片的领头羊,为华为手机近年来的快速发展做出了不可磨灭的贡献。除了华为海思,紫光集团旗下的紫光展锐是全球第三大手机芯片设计企业,致力于移动通信和物联网领域核心芯片的创新研发及设计,是产品涵盖 4G/5G 移动通信技术以及 IoT 等无线连接技术的领先企业之一。据了解,紫光展锐目前已推出"虎贲"和"春藤"两大品牌,并于 2019 年 2 月推出了第一代 5G 基带芯片——春藤 510,并将支持首批 5G 终端的商用上市。在人工智能大潮的推动下,中国芯片企业不甘落后,纷纷推出新产品。中国寒武纪研发的人工智能芯片已经作为 IP 核被海思半导体采用,有力地推动了华为手机走向人工智能时代。在人工智能芯片领域,中国企业与国外企业的差距正在不断缩小。

国家这些年加大了对芯片研发领域的投入,给予相关企业优惠政策和补贴扶持,为的就是要加快芯片国产化的步伐,尽快弥补自身的科技短板,很多资本也纷纷进入,国内 AI 芯片创业公司如雨后春笋般发展起来。

芯片产业不同于传统产业,需要长时间的积累。最近被美国以举国之力制裁的华为,将"备胎芯片"华为海思一夜转正,惊艳全世界,而这正是华为十几年来未雨绸缪的结果。

目前，我们就要在CPU/DSP、存储器、FPGA等产品领域有重大突破，同时要加大芯片产品创新力度。在这一过程中，未来中国"芯"将成为翻番牛股。

苹果市值超万亿美元的启示

2018年8月,苹果股价站上了200美元,市值首次超过1万亿美元,成为首个万亿美元市值的科技公司,雄霸天下。也使我们长期持有苹果股票的投资者得到了丰厚的回报。

为什么要长期持有苹果股?往大了说,科技创新是第一生产力;往小了说,打苹果手机出来后,我自己及家人用的都是苹果手机。当然,还有苹果电脑。按照巴菲特的选股标准,产品你看得见,摸得着,甚至天天在用,产品的市场占有率不仅仅局限于一个国家,而是世界上大部分的国家。它领先的技术及创新专利别人学不去,在未来几十年都不会落伍。这些好像苹果都有。所以,我们不在低位买入并长期持有这样的股票,还要买什么呢?

那么,苹果股超万亿美元市值、创历史新高给我们什么启示呢?

◆ 第一,长线投资企业而不是投资股票

长线投资虽然不直接参与投资对象的企业经营活动,但投资者应把投资标的当成经营者来看待。从研究财务报告、分析行业动态开始,始终以经营者的视角来看问题。在进行任何一项投资之前,我们就应把投资对象的情况了解得一清二楚,甚至成为行业的专家。比如:巴菲特在买入苹果股票时说:"我根本搞不懂苹果实验室里研究的那些高科技的东西,但是有一点我很懂,就是苹果产品在客户心里的地位,因为我花了很多时间和苹果的客户闲聊。"从上面可以看出，巴菲特买苹果股票的逻辑是公司好，在行业里竞争力强、地位高，消费者口碑不错，也符合他一直崇尚的"护城河"一词，这就够了，重仓买入长期持有就行了。一旦买入某企业的股票，巴菲特就会较长期持有。由于投资之前着眼的就是企业的未来价值，那么，仅仅因为股票出现下跌就把它卖掉将是相当愚蠢的行为。

◆ 第二，巴菲特长期持有苹果股票，收益接近翻番

2016年底，巴菲特开始买入苹果股票，持股苹果超过6000万股，市值接近70亿美元，买入成本在110美元左右。之后他又买入苹果7000万股，平均市价也在110美元左右，现在他的总持股数在1.33亿股，平均成本110美元。

巴菲特为什么会如此重仓苹果股？有记者采访他："巴老，你不懂高科技，你说过不投资科技股，你不是一个喜欢科技股的投资者啊！"巴菲特回答说："是的，我过去说过我不是科技股投资者。对于我这个86岁的老人来说，还有巨大的未曾探索的市场。现在我买了很多苹果股票，还是我们第二大重仓股。""可是苹果是高科技企业啊？""我想说，苹果明显有很多科技含量，但是苹果产品在很大程度上也是消费品，有很强的消费品属性。""优秀的消费品很多，苹果产品什么地方最吸引你呢？""苹果公司最打动我的地方是，拥有一个很有黏性的产品，人人爱用苹果手机，而且特别有用。"截至2019年6月底，伯克希尔的季度报告显示，该公司对苹果的投资为472亿美元。

◆ 第三，科技创新是第一生产力，科技股高成长看得见

社会的发展离不开科技的创新。在工业化后期和知识经济时代，劳动力和资本的作用下降，技术进步成为经济增长的决定性因素。目前，许多发达国家科技进步对经济增长的贡献率达到80%左右。从工业经济向知识经济的转型，实质是经济发展模式的转型，科技创新成为企业发展和经济

增长的核心要素。人民生活水平的提高，要靠科技创新带来新产品，新产品是生活水平提高的物质基础。企业要成为市场竞争的赢家，靠技术创新带来生长点，靠制度创新带来高质量，靠管理创新带来高效率，其中，技术创新的作用是不可替代的。苹果等高科技公司的经营战略就是创新无止境。即使苹果股价站上了200美元高位，但其市盈率却只有17倍左右，高成长看得见。

非常时期的八招应对策略

就在 2020 年春节长假恢复开市交易的前一天,有关部门组织了百名大 V 携手战"疫"大型活动,我在录完视频后专门针对股市谈了非常时期的八招应对策略。下面,我从八个方面对投资者说几句掏心窝的话:

◆ 第一,对于大盘研究和判断

很多散户没有系统研究过股票交易技术,交易太随意且频繁,他们忽略了对大盘和板块的长期跟踪和研究,喜欢听信别人的推荐,希望别人推荐的股票都能涨,散户的这种操作方式其实是不全面的。散户要了解别人推荐的理由,是怎么研究的,为什么会选择买入,大盘上涨和下跌对板块和个股影响是怎么样的。我觉得散户买股票一定要多问几个为什么,然后再做出买卖决定,根据大盘强弱牛熊来确立适合自己特点的操作思路。

◆ 第二,涨跌要在自己控制范围之内

要注意买入价位是多少,止损价位是多少,买入仓位又是多少,止盈价位是多少,这样会很从容买入一只股票,涨跌都在自己的控制范围之内,游刃有余。其实这也是交易行为的一部分。

◆ 第三,切勿频繁买卖

很多人包括我都会犯一个致命错误,就是前面提到的频繁交易。频繁地换股买入和卖出,经常买了就跌,卖了就涨,后来发现很多操作卖在低位买在相对高位,懊恼后悔,想打自己耳光甚至想走极端。频繁交易的结

果是手续费不断增加，止损带来的损失不断扩大，从一周、一个月、一个季度看，亏损不断增多。散户由于纪律性和自控性等自身劣势，操作一定要谨慎，由于没有时间长期跟踪多只股票，因此新手最好不要操作太多股票和非常频繁换股买卖，不然会死得很惨。

◆ 第四，必须确立自己的交易系统和交易原则

你首先必须学会一些简单技术性的东西，必须学会看大盘分时，看K线结构，了解分时均价线，了解量能指标、摆动指标、价格指标。只有简单了解并熟悉运用这些指标后，对操作和建立自己的交易系统才会有初级保障。交易原则和系统的建立除了取决于熟悉了解上述指标，对自身定位也很重要，自己性格如何，资金如何，承受风险能力如何，经验和交易水平如何，期望值有多大，根据这些综合因素来确立交易系统和原则。比如最简单的：操作60日线以上股票，建立20日线止损等简单系统。交易系统建立后，即便买了别人推荐的股票，也有一套自己的止损止盈体系，逐步形成自己的风格。切记不能押上自己的全部家底。

◆ 第五，深入研究大盘、板块、个股

拥有了自己的交易系统和原则后，就要将主要精力放在深入研究大盘、板块、个股上。研究个股需要深入了解各个指标，如财务状况、题材类型、筹码分布、各个K线组合、盘口变化以及资金流向等。长期观察后对研究股票的"股性"有了深刻印象后，操作成功率就会加大，反之失败概率会变大。这些信息的研究核心是资金内涵，因为推动一只股票上涨下跌的根本因素是资金流入或流出的变化。

◆ 第六，执行要坚定

能够在市场盈利的投资者有一个共同点：制定目标，坚决执行。就像我喜欢下围棋一样，有自己熟悉的定式。要坚持做自己！永远不要依赖别人，因为你和别人不一样，能力、经验、阅历、资金、心态等都不一样，

操作自然不一样，坚持自己的计划，坚持自己的原则，自然你也在下棋中有更大的赢面。拥有自己的定式，知道自己的不足，就学习，自己不懂，还是要学习，市场是在变化的，只有从市场学来的，才是真的，没有一种方法可以通吃股市，都是在不断摸索，不断犯错改错中生存下来的。

◆ 第七，心态决定了你能否成功

我说的所谓心态，不是死猪不怕开水烫的心态，而是客观看待涨跌，客观看待自己操作，不慌不忙，对自己之前反复论证的判断要坚持，发现明显错误要接受，操作错误要更改，行情不好要放弃，行情好要大胆买入，操作失误不要沮丧，赚钱不要骄傲，亏钱不要沉沦。

◆ 第八，控制情绪

很多年前，我偶尔读到一本《怪诞行为学》，这本书道破了我们不可思议的犯错行为背后的原因。同样怪诞的是作者丹·艾瑞里，18岁时的一场爆炸意外，让他全身皮肤70%灼伤，住在烧伤病房达三年之久。身穿治疗用黑色弹性紧身衣、头戴面罩的他，自嘲为"蜘蛛侠"。但恰恰是在这段漫长、无聊而又痛苦不堪的岁月里，那套奇异的"蜘蛛侠"服装拉开了他与外界的距离，使他可以以局外人的眼光重新审视身外的世界，从此有了探索人类行为与经济关系的兴趣。最终，他成了著名的行为经济学家。股市也是经济生活的一个组成部分，交易中控制好情绪才能使你做到手中有股，心中无股或者是手中无股，心中有股。资本市场是机构与散户博弈的战场，是不讲道理和逻辑的决斗场，想在这个市场中活得更久的散户们，必须找到一套比较适合自己的战法，才能在这个残酷的市场上长期生存。

巴菲特选股的四把叉

巴菲特选股有技巧吗？答案是肯定的。

巴菲特选股有四个最重要的技巧，我们称之为巴菲特选股的四把叉（巴老喜欢吃西餐牛排，常用叉）。

◆ 第一：这家公司我是否能看懂

巴菲特从来不买自己看不懂的公司的股票。"知识就是力量"这句话在股市中是绝对的真理。投资就是你认知的变现。就像猎人只能捕杀自己能力范围内的猎物，如果猎物强大到超出自己的能力，那就赶紧放弃，不然猎人反而会变成猎物。

◆ 第二：这家公司有没有良好的经营前景

一个好的公司应该能持续地为股东赚钱。这取决于内外两方面的作用。首先是行业发展前景。行业的空间有多大，供求关系如何都是要考虑的。行业天花板很高，供不应求是最好的选择。衡量行业前景关键看销售收入的增长，行业前景好，产业整体的销售收入是不断增长的。同时企业自身必须有足够的竞争优势，建立起深厚的护城河。一个产业很赚钱，必然吸引其他资本蜂拥而入。企业如果没有足够的护城河是无法抵抗竞争者的。

◆ 第三：这家公司要有德才兼备的管理者

巴菲特认为好的公司应以股东利益为先，应该有个靠谱的管理者，这种公司必然有着良好的经营前景。巴菲特同样非常重视管理层的素质即赛车上掌握方向盘的赛车手。如果一个公司处于好的行业，又有优秀的管理层，既有好赛道又有好司机，就会如虎添翼。在选股过程中我们要关注企业的领导者，这个可以从年报中关于管理层的内容中获取信息，关注公司的官网。对于一些明星公司的领导者可以从网上搜索他们的相关报道。有些公司的领导者前仆后继老出事，这样的公司巴老不会去投。多了解一些上市公司的管理者，对你投资一定有帮助。

◆ 第四：公司价格处在相对低位

价值投资的开山鼻祖格雷厄姆创造了一个词：市场先生。市场先生的情绪化经常让价格极度扭曲，价值投资者要耐心等待价格被低估甚至极度低估时再买入。这个时候往往是市场情绪非常恐慌的时候，价值投资者为何不会被恐惧左右，我想重要原因在于一般人的心理被价格锚定，而像巴菲特那样的长线投资者会把自己的心理锚定在一个低价上，故收益才能远远大于风险。

跟着大基金轻松抓到翻番股

如果你恨一个人,就请他进入股市,因为股市是地狱;

如果你爱一个人,就请他进入股市,因为股市是天堂。

请不要以为这是对《北京人在纽约》那精辟开场白的简单模仿。面对同一股市,有人视为恐惧的地狱,有人却领略到了天堂的逸乐。

在虚拟的股民茶馆里(投资者群)有位投资者,用切肤的感受,发表了惊人的高见:如果你想害一个人,最佳的办法就是让他进入股市,只要他把资金投入股市,就大功告成,借刀杀人的事,股市会帮你圆满完成,且杀人不见血。这一高见的论据是:他住的居民楼,共有47户人家,在他引导下,有17户参与了炒股。结果,除一户专攻一级市场外,16户全被深度套牢。邻里间反目为仇,使他深感罪不可赦。

在有人走向地狱的同时,有人却上了天堂。同样在股民茶馆里,有位股嫂却在窃笑。她不笑都不行,手中持有的兴森科技(002436)股票在A股大跌时一如既往地连创新高,到2020年2月25日还创出了17.96元的新高。

"股嫂,你又看中了哪只股票?"

"股嫂,你的兴森科技卖了没有?"

股嫂笑答道:"我的兴森科技14元多翻了番卖了,换了另外一只股票。"

股嫂是从江城钢厂下岗的,从喧闹的工厂回到寂静的家中,生活像有滋有味的百事可乐一下变成了索然无味的白开水。在经历了求职碰壁的无数次失望后,她选择了高风险的股市。尽管没有薪水,但不会遭人愚弄,不会像挑处理商品一样被人筛来选去。

股嫂把养命钱投入股市,故把选股视为生死攸关的大事。她借鉴了求职时用人单位的初选、复选、录用三大步骤。经过严格的初选、复选,她决定录用兴森科技。她倾其积蓄在7.46元买进5000股,准备跌到7元再买,谁知,不跌反涨。后来她又发现有大基金大量持有该股,又打电话死缠着询问这两家公司持有的理由。在得到满意答复后,她又东拆西借,筹措资金,在8.2元买进了5000股。眼看着兴森科技节节走高,她不想一人独食蟠桃,想让股友分享胜利果实,便向他们力荐该股。当股友问及理由时,她横竖只有一句话:"该公司与大基金合作,扩大IC封装基板生产。"

我查了一下资料:IC封装基板全球约有70亿至80亿美元的市场需求,进口替代的空间非常大,是公司未来重点发展的业务领域。

股嫂提到的大基金即:大成创新资本—兴森资产管理计划1号,还有金宇星拟通过协议转让持有的公司无限售流通股7440万股(占公司总股本的5.00%)给深圳投控共赢股权投资基金合伙企业。相关资料显示,共赢基金主要由建信信托、深圳市鲲鹏股权投资、国信证券、深圳投控湾区股权投资基金及深圳市投控资本共同发起设立,是全国首批按照市场化原则设立的上市公司纾困私募基金。共赢基金管理人深圳市投控资本有限公司的母公司深圳市投资控股有限公司(以下简称"深投控"),为深圳市市属国有资本投资公司和综合型金融控股集团,业务涵盖科技金融、科技产业、科技园区三大板块。难怪其股价翻了番。

天堂与地狱的大门敞开着,跨进哪道门,取决于你手中持有的"门票"!

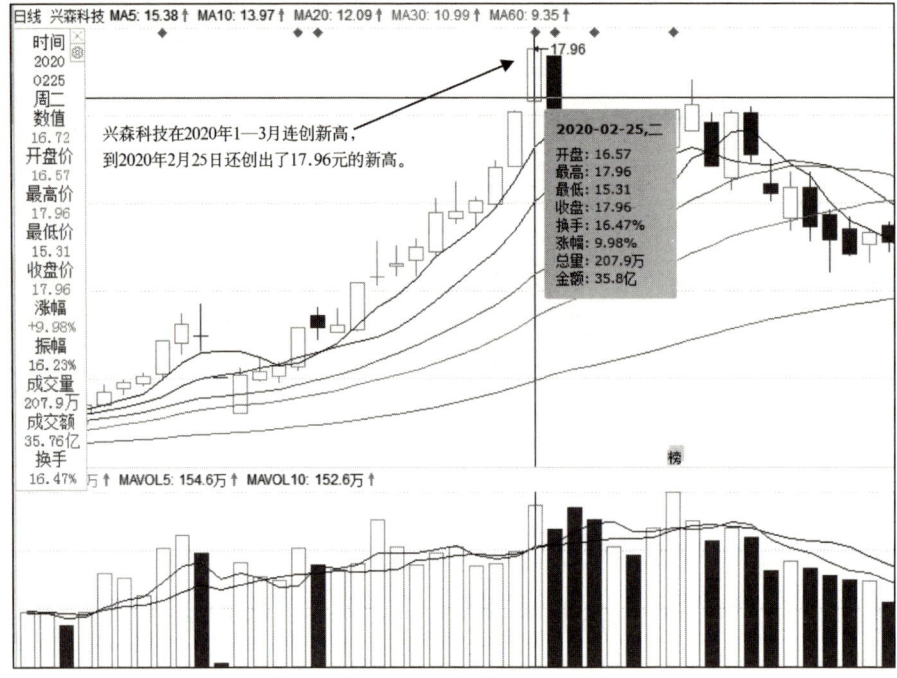

跟着大基金轻松抓到翻番股——兴森科技

实战中庄家虎口夺食秘籍

《火中取栗》是法国拉·封登写的一则寓言，讲述一只猴子和一只猫看见炉火中烤着栗子，聪明的猴子怕烧着手，要猫去抓。猫虽愚却爪子极灵，不仅取出了栗子，爪子还丝毫无损。其喻为要得到想得到的东西，就得冒风险。殊不知，这则寓言在今天有了新的注脚。

进入2019年，中国股市冉冉升起了一颗夺目的巨星。如果要评一个股市吉尼斯大全的话，那非某千元股莫属，该股创出了绝对涨幅和绝对股价两项股坛之最。巨星横空出世，股民万众瞩目，连日来该股成为交易厅中最热门的谈资，其关注程度超过了近日天空中时隐时现的不明飞行物。

某证券公司超级客户专享VIP大户室的三台电脑，自选屏上都无一例外定格在千元股上。突然，长得精瘦精瘦，外号叫"猴哥"的侯杰尖叫一声："快瞧，已经冲上1100元了！深沪股市无千元股的历史就要改写。"

"用不着大惊小怪，就只当看海市蜃楼吧。"头大，肚大，喜欢炒高价股，外号叫"高胜寒"的高扬接过话茬："就是涨上天，你也不敢买。"

侯杰说："那你为何不买几手醉一通呢？"高扬说："从成交量上看，该股的筹码已被庄家通吃，几手就能拉几块钱，庄家想往哪拉就往哪拉，诱散户去接盘。没准你买进就跌停，被关门打狗，卖都卖不出去。"

侯杰说："这你就错了。"高扬道，"人家是股评家吹出来的新消费的领头羊。"

"我怎么左看右看都不像。"侯杰敲着键盘,"市盈率30多倍了,现在市盈率10倍不到的几元股多了去了。"

"市盈率算啥?"高扬反驳,"有消息传闻,说这股要10送100股,送下来股价不是低了?"

"不过,我总觉得有点悬。"侯杰说,"梦中数钞票醒来后会不会是南柯一梦?"

"莫打嘴巴官司了。"坐在一旁一直未表态的方太出语惊人,"你们不买,我买!"这位年逾半百,却烫着一头卷发,并像年轻女郎一样染得金黄,背地里被人称为"波斯猫"的她麻利地敲着键盘查看成交回报。

"买不得,火中取栗,会烧了手!"侯杰说。

"虎口拔牙,风险太大!"高扬说。

"成交回报已经出来了。"方太脸不变色心不跳。

侯杰目瞪口呆望着成交回报:成交500股,成交价1118元。

"等我赚了,再告诉你们奥妙吧。"方太笑道。

方太买了千元股后,就再没来证券部出勤,那股却像刹不住车的推土机,一口气冲上1200元。

之后,侯杰在家收看某个财经电视节目,陡然看到某机构证券研究所所长在侃侃而谈,他说该股是液体黄金会上2000元……侯杰关了电视就风风火火跑到交易厅,进门后冲着方太就喊:"千元股卖了吗?权威专家说还要翻番。"

方太却满面春风:"吼啥,电视我也看了。不过,该股我在1200元的上方卖了。"

"啊!"侯杰惊叹:"你人没来,咋卖的?"

"在家里网上委托的。"方太得意地把交割单铺在茶几上,"我在心里设了止盈点,赚200元就走人。感谢该股的庄家,送给我十万元厚礼。"

"火中取栗不烧手,你究竟有何秘籍?"

"很简单,这叫越是危险的地方越安全。600元我不敢买,800元不敢买,但上了千元应该坚决买。你想想看,万里长征已走了九千九百九十九,就差一步之遥了,庄家为了出货拼了命也得挺上1200元的!"

直播带股，玄机重重

一场大疫之后，现在满世界都在直播带货。原本在一家旅游公司当主管的股民卫先生因旅游公司关张，而成了职业股民。卫先生开美甲店的老婆停业后在一家网站承包了一间直播室做直播，卫先生的老婆原本有几分姿色，一经化妆就成了美少女，最近帮一些小商贩做直播带货，提成的收入不菲。卫先生便同老婆商量：能不能利用他们直播室带股？老婆说："股票看不着摸不着，怎么带呀？"卫先生说："我直播推荐牛股，一定会火的。"

卫先生也是老股民了，多年的实战经验告诉他，炒股风险极大，直播带股却旱涝保收。时下有一顺口溜为证：什么人最好哄？股民最好哄。什么钱最好赚？新股民的钱最好赚。芸芸新股民，在茫茫股海中随波逐流，谁不祈盼天降神灵，为其导航？直播带股又十分简单，只要能吹就行。吹是他的强项，只要上嘴唇挨着天，下嘴唇挨着地，就能把沙吹成金，把熊吹成牛，把跌吹成涨。然而，光能吹也不中，你把嗓子眼吹破了也无人喝彩。吹股得有资格，新的《证券法》规定，股评家须持执业证上岗。要拿证，还需学历、资历和很高的职业道德。这一切卫先生都不具备。不过，这难不倒他，他懂得"没有条件创造条件也要上"的真理，没有资格能创造资格。他同老婆商量好了，老婆直播完后，趁着人气未散，做带股的下半场，并反复吹，先打赏再推荐牛股。

老婆问:"你光靠直播打赏怎么赚钱?"

卫先生答:"你这就不懂了,谁在乎打赏那点小钱。我头天买入某只股票,第二天在直播上一吹。股票都来抬轿,涨起来我就获利卖出。如果天天有赚,复利下来,不到一年我们就能买豪车和别墅了。"

卫先生直播时自我标榜是某券商研究所研究员,写有《黑马十八法》股市畅销书,同时还有上市公司调研的内幕消息。由于有了这一噱头,他很快在业界火了起来,网站便给他一个独立直播间,直播时还推荐他到首页。他作的股评既特别又玄妙,再加上点星相学、易学。更绝的是,他每次直播时都吹嘘,沪深股市每周涨幅排行榜前三名的股票,都是自己在直播室提前推荐的黑马,反正股民上了当也不会听第二次。他还信誓旦旦重复一个故事,指名道姓地说有位老太太,按他推荐的黑马法买股票,5万元变成了50万元。其实,那名字正是他年轻老婆的名字。

卫先生因此有了"算股先生"的美誉,受到股民的热捧。

一日,一位外号叫"连珠炮"的新股民找到网站投诉,因她听了卫先生的直播荐股,在7元多时买了冰轮环境(以前叫烟台冰轮),损失惨重。"连珠炮"找到卫先生质问他道:"你推荐的什么黑马?明知道是驶向冰山的轮船,还要我去撞?"卫先生回道:"股指跌了100多点,什么船都沉了。你亏了多少?"她说:"亏了5万。那是我的卖身契,买断工龄的钱呀!"卫先生从怀里掏出一张交割单,递给她说:"你仔细看看,我8元多买的,买的比你还多还贵,这一只股就亏了不下50万,把做直播的钱和老婆赚的钱全赔了进去……"

"连珠炮"大喊道:"原来你自己买了这股,再推荐给股民,要广大股民为你抬轿解套呀……"

股市中因祸得福赚大钱的经典故事

老子云:"祸兮福所倚,福兮祸所伏。"这古老的辩证法则,在股民张强生身上得到新注脚。据说张强生他妈妈生他时难产,生了几个小时生不下来,后来是被接生婆拽着腿硬生下来的,故父母给他取名为强生。

张强生早先为地道的泥腿子,在广阔天地务农,后来不甘贫穷的他进城打起了工,先是从提灰桶的小工做起,因勤奋好学做了倒钢模板的包工头。票子多了他在大都市闹市区买了一套50平方米的二手房,把母亲、孩子都接进了城,为的是孩子能接受城市良好的教育。可老婆却信奉金窝银窝不如自家狗窝的教条,宁可守着家里的一亩三分地。他只得每月发了薪回家看老婆,过着两地分居的生活。

一场大疫后,工地上停业了,包工头没得做了。张强生怕手上的钱存银行贬值,成了宅在家里都能干活的炒股大军中的一员。

张强生炒股不会选股,就常看一个电视节目股评家荐股,赔多赚少。有一天听见股评家推荐上海一只叫强生控股的股票。张强生想:巧了,还真有跟自己同名的股票。他一看股价还很便宜,才4块钱。张强生想:强生,像我的人生,大难不死,必然走强,生气勃勃,于是在4.28元买了5万股。

张强生买了强生控股后,那只股票跌多涨少,最低跌到了3.8元,让他几次都想割肉止损出来。

真是屋漏偏遭连夜雨。2020年4月20日,张强生骑摩托回家看老婆,由于心里老想着被套的强生控股,亏了钱怎么向老婆交代,迎面同一辆逆向而来的"麻木的士"(载客营运的小三轮)撞了个正着,只听得一声巨响,张强生被甩出一丈开外,要不是戴有头盔,恐怕他早已魂归天国。摩托车同"电麻木"两败俱伤,惨不忍睹,成了成一堆废铁。

张强生苏醒时,已经成了"石膏人",被固定在医院的钢丝床上,左脚及左膀粉碎性骨折,他母亲坐在床边擦着眼泪。张强生醒来后,第一句竟是:"强生……强生股票什么价了?"这情景让人联想起灾区被从死亡线上救起的灾民问:"股票是跌了还是涨了?"随后,赶忙找手机,不幸的是,手机也没躲过那场灾祸,不见了踪影。其实,是他母亲为使他两耳不闻窗外事,一心只养腿伤,偷偷把手机藏了起来。母亲忙按住他:"别动,脚手都摔断了,你怎么用手机看股票?"

这时,医院的王护士进病房换药。张强生问王护士:"你炒股吗?"王护士答:"以前炒过,都套住了,现在连看都懒得看了。"

张强生说:"你帮我看看强生控股什么价吧?"

王护士掏出手机看了看:"4.57元了。"

张强生心系强生控股,连"望梅止渴"那句成语都变成了"望股止痛"。他连忙叫母亲:我解套了,我赚钱了。他忙叫母亲拿手机来要卖出。母亲说:"那股票是啥玩意,怎么比麻药还管用?造孽呀!"

张强生威胁说:"妈,你不拿手机来?我就挣脱夹板爬起来。"母亲依着他哄他说:"好,你告诉我账号密码我帮你卖。伢呀,你能爬起来,莫说去卖股票,就是让我去死都行。"

张强生认真地给母亲抄了证券账号、股东代码、股票代码、密码、操作程序,并不厌其烦再三强调,不懂就找王护士帮忙卖,并叮嘱:"全部卖出后,一定要看成交回报。"母亲出了病房,下楼给儿媳等人打了几通"没有生命危险"的安慰电话。之后,在医院花园里,挨了半个时辰,便趸回病房，进门就宽慰儿子道："卖了，4.57元成交，我还专门请王护士看了回报。"母亲的欺骗是善意的、崇高的，如同苦口的良药。

张强生卖了强生控股，悬在心里的石头落了地，伴随而来的却是锯骨般的疼痛。母亲怕他再看股票影响康复，便不再提"股票"二字。

翌日，一帮打工哥们"押"着肇事的"麻木"司机老甘来到医院。老甘老实巴交，左手吊着绷带，右手拎着一袋礼物，一个劲说："对不起……"张强生说："你说一万个对不起也没用，这医药费，还有摩托车，看着办吧。"

老甘说："我下了岗，'麻木'也撞废了，一家人生活都没着落……"说着打开礼物袋，一圈人都忍俊不禁，竟是一袋猪脚。"这是我一大早排队买的，熬汤喝了，腿好得快。"张强生接过猪脚说："喂，亏你想得出来，拿猪脚来换人脚？"

过了几天，王护士又来病房换药。进门就说："3床，你的强生控股重组后好厉害，连续涨停，现在都8.11元了。"

什么？张强生傻了眼："你不是帮我妈一起在4.57元卖了吗？"

母亲连忙插话说："强生伢，那只股票我没卖。妈哄你是怕你的伤老不好。"

张强生喜出望外，问："妈，那股票你没卖？"

王护士说："强生控股既然是脱胎换骨的重组，还不知有多少个涨停，卖了就后悔死了。"

"没有卖。妈不该骗你……"母亲欲言又止，"你当时伤成那样，妈哪还关心什么股票。"母亲像做了错事，一脸歉意。

张强生腿一下直了，居然挣扎着站了起来，抱起了母亲："妈，谢谢妈，你是世界上最伟大的妈！那只股票又涨停了呀！"他对母亲说，"妈，这辈子你跟我受穷，我出院后一定给你买两个大金戒指。不，不是我买的，是你自己挣的，你一定要戴上。"

向"击鼓传花"投机炒作说"不"

当年权证惨案今又现,由于可转债具备T+0、无涨跌幅限制的特点(这跟当年权证交易制度是一样的),属高收益、高风险的赌性十足的金融产品。这让投机资金嗅到了一夜暴富的机会。之前我写过一篇防止可转债爆炒后会暴跌的文章:投机太盛防肠断。然而,十赌九输,这次又不幸言中了。可转债惨案又来了:一天暴跌48%还不够,仍有27%的下跌空间!

曾爆炒到420元天价的妖债"泰晶转债"2020年5月6日发布提前赎回的提示性公告,给所有持有人当头一棒。5月7日当天暴跌47.68%,全天成交额7998万元。这意味着高位接盘的投资者要面临大幅亏损的恶果。5月13日,泰晶转债复盘收跌6.39%。如果之前入手泰晶转债的投资者,再不行动,等到被实施强赎时,要亏近50%。而在6日及此前以高价"上车"的投资者,如不采取行动,面临的亏损可能超过70%。如果还想在最后10个交易日捞一笔,只能劝君"风险自担"。泰晶科技12日晚间公告,泰晶转债赎回登记日为5月26日,赎回价格为100.45元/张。

2020年5月27日起,泰晶转债将停止交易和转股。也就是说,从13日到26日之间的10个交易日,是泰晶转债最后的交易和转股时间。风险暴露后仍有投机资金"博傻",泰晶转债不是个例。3月中旬,横河转债单日曾上涨70%,被交易所多次"关注",发行人也频频提示风险,但炒作资金仍不松手。4月上旬回调后,中下旬继续"爆发",4月28日最高涨至接近352元。5月7日,横河转债大跌21%,但8日就开启反弹之路。8日至12日,横河转债换手率都在10倍以上。截至13日午盘,最新转股溢价率高达301.47%,是当前转债市场上唯一一只转股溢价率超300%的个券。

泰晶转债"末日"前的高换手、高溢价,究竟是投资者的"不死心",还是从一开始,就是游资的独角戏?如果是前者,投资者要理性决策;若是后者,则要警惕跟风,免得被收割。从再升转债的历程来看,从强赎消息发布到行权这段时间,其曾出现反弹。但是,越临近行权日,转债市价越低,最终跌至转股价值附近。

个人认为:"惨案"频发主要有两方面原因,一是转债投机风气盛行,转债T+0及不设涨跌停的特点使得价格波动剧烈,而投机者往往只看到大涨的一面,忽视暴跌的风险;二是对转债强制赎回规则不熟悉不敏感,对于已经触发赎回的转债依然爆炒。

同当年爆炒权证让无数人倾家荡产血本无归一样,炒作可转债的教训也是用血写成的:过度投机偏离了股价,你会亏得血流成河!

如果你还不信,让你看看一个真实事例:2007年,炒股仅一个月的李女士误将首创权证当作普通股票买进,在行权交易日过期之后还懵然不知,待发现时,认购权证全部化为乌有。真可谓初生牛犊不怕股,一生积蓄全赔光。2007年4月16日下午2时许李女士在家里上网委托认购,她在银河证券黄寺证券部认购了30万元首创权证5.7万股。炒股的朋友告诉她不要买太高的股票,她一看当时首创权证价格是5.33元,觉得挺便宜的,又是首创这个大公司,所以就花了30多万满仓买入。李女士说,买后第二天,这只股票就停盘,之后她多次与银河证券黄寺营业部打电话咨询,对方只是说:看公告,23日行权。结果到23日还没有开盘,24日一大早上打开电脑一看,就什么都没有了。30万元一夜变废纸,甚至连废纸都没有。不知权证为何物胡乱买,当然一无所有。李女士承认,自己从来没有对权证做过任何了解,连买的是什么性质的股票都不清楚,对一般买股票的风险也不知道。包括新股民在内的不少投资者,都被暴利冲昏头脑,光看到别人赚钱多少,而忘记了自身的风险,既可悲又可怜。这样一夜返贫的故事太多太多,三天三夜都讲不完,有多少散户死在认沽权证上,且死了还不知怎样死的。

因此,笔者真诚奉劝广大散户,对于脱离基本面的任何疯涨的金融产品,它涨上天也与你无关,让钱多得烧不完的庄家去自娱自乐吧。假如你想去发点横财,到时会跟当年的李女士一样惨。

从延江股份看我们的选短线牛股逻辑

2020年4月7日,我在头条文章《越危险的地方越安全》中分析了个股延江股份(300658),当时主要说了如下几点逻辑:

◆ 第一,延江股份医用熔喷无纺布已收到约55家客户的订单

延江股份公告,公司的医用熔喷无纺布已经完成第三方检测以及公司内部的商业化生产测试,产品销售工作正式展开,截至公告日,已收到约55家客户的订单。公司将根据订单的要求,调整熔喷无纺布的生产、销售计划,现阶段尚无法准确量化其对公司的影响,但相关金额预计将大于公司最近一个会计年度,经审计净利润为40%。延江股份熔喷无纺布日产能由6吨提升至12吨。延江股份还公告,自公司公告可以生产熔喷无纺布以来,众多下游口罩生产商与公司接洽,希望公司能够为其口罩生产提供熔喷无纺布。公司紧急采购关键设备,抓紧组装改造新的熔喷无纺布生产线。截至2020年3月13日,公司完成新增3条熔喷无纺布生产线的工作,将日产能从6吨提升至12吨。截至公告日,公司在手订单客户51家,若在手订单能够顺利完成实现销售,预计会给公司带来净利润3800万~4200万元。

◆ 第二,延江股份(300658)一季度净利润预增315%~345%

延江股份披露2020年第一季度业绩预告,公司预计2020年第一季度盈利3,628.71万元~3,891.03万元,比上年同期上升315%~345%。由

于当时市场上熔喷无纺布供应量有限，公司生产的熔喷无纺布在报告期内一直处于供不应求的状态，成为本季度业绩增长的主要因素之一。

公司同时披露年报：公司2019年实现营业收入1,038,112,515.42元，同比增长35.48%；实现归属于上市公司股东的净利润82,310,742.42元，同比增长69.32%；每股收益0.54元。公司生产的熔喷无纺布在报告期内一直处于供不应求状态，成为本季度业绩增长的主要因素之一。公司2019年度利润分配预案为：以151,675,000为基数，向全体股东每10股派发现金红利3元（含税）。

◆ **第三，医用熔喷无纺布价格暴涨提升公司业绩**

2020年初，国内爆发新型冠状病毒疫情，口罩需求量激增。目前不仅是中国，全球口罩等防疫物资都面临缺口问题。生产医用口罩的核心材料是熔喷无纺布，2018年我国熔喷布产量约为5.35万吨。

每吨熔喷布大约可生产100万只医用外科口罩或50万只以上的N95口罩。假设延江股份每天生产的12吨熔喷布全部用于生产医用外科口罩，并且在其他生产条件不受限制的情况下，共计每天可生产医用外科口罩1200万个，全年能生产多少？熔喷布除了用于生产口罩外，还用于空气、液体过滤材料，隔离材料，吸纳材料，保暖材料及擦拭布等领域。

常用口罩可分为医用口罩、普通纱布口罩、工业防尘口罩、家用防尘口罩四大类。其中医用口罩又可分为普通医用口罩、医用外科口罩、医用防护口罩等。医用口罩相比其他类别口罩具有较高的技术要求，需要获得相关医疗器械注册证后方可生产。

疫情之前，口罩核心原料"熔喷布"市场价格为1万元～2万元／吨，现在涨到多少？现在普通无纺布价格在30万元／吨以上，N95熔喷无纺布每吨价为40万～45万元。

河南某无纺布生产商表示："医用熔喷无纺布比民用的贵很多，价格是52万元／吨，普通民用无纺布价格也已经达到35万元／吨。"

延江股份作为持证规范生产的上市公司,质量和产量将得到进一步保证。

◆ 第四,技术形态看好

技术上看,当时延江股份在大盘下跌时已经开始逆市走强,站上了包括 60 日均线在内的所有中短期均线之上。2020 年 4 月 7 日,当天最低价 27.22 元,最高价 28.98 元,收出长下影阳线。其后该股阴阳交替震荡向上。截至 2020 年 4 月 17 日收盘,该股创出了 45.29 元的新高。9 个交易日后上涨了近 60%。

朋友,从我们选延江股份的逻辑中,你学到了点什么吗?最强风口 + 业绩高成长就是我们精选牛股的逻辑思维!

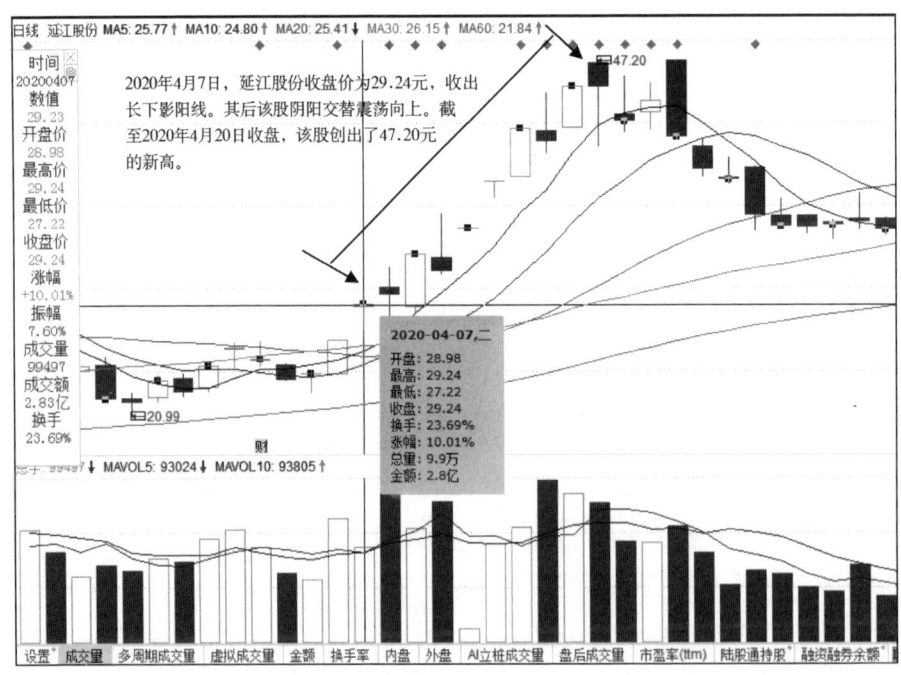

最强风口 + 业绩高成长是精选牛股的逻辑思维——延江股份

后记：除了等待和忍耐，你别无选择

中国股市大熊终究会结束。回顾这些年，在A股市场盈利的散户仅一成左右，七成左右散户忙碌一年却是亏损的。

散户为什么亏损如此大？除了信息不对称，技术分析及把握大势的能力差，不懂得止损以外，之前市场上有个荒谬的说法：要去散户化。因而，散户就成了"韭菜"，一茬一茬被收割。虽然近年散户亏损面达7成，但大部分散户对市场仍不离不弃。还在前仆后继想抄底，他们心不甘呀，很多散户想捞回本就不玩了，正是这种心态使他们越陷越深。

保护中小投资者使股市健康发展，是喊得最多最响的口号。我始终认为：中国股市，只有善待散户，让散户赚钱，才能真正健康发展起来。

作为散户，我们被套住了该怎么办？我认为两个字：忍耐。投资大师彼得·林奇说："忍耐是一种投资智慧，也是一种艺术。每人都有炒股赚钱的能力，但不是每人都有忍耐力。"我对这话的理解是：散户炒股有胆识和冲动是必要的，但忍耐力也不可欠缺。散户炒股必须培养良好的忍耐力，这往往是投资成败的关键。不少散户亏损并不是技术分析及把握大势的能力差，而是缺少冷静的态度。选时不对，过早地买进或者过早卖出，都会招致赚少或亏多的失误。所谓忍耐力，就是用独到的眼界寻找市场最佳机会进场，进场后持股需要忍耐，不要大盘一回调就慌不择路获利了结。彼得·林奇还说："拥有股票就像养孩子一样——不要养得太多而管不过来。业余选股者应有时间跟踪一家公司 8～12 个月……从长远跟踪一家经营良好的公司,这才是赚钱的关键。耐心和拥有成功的公司,终将得到厚报。"

散户在操作中,还必须学会等待。当你无法判断股指的走向,无法选择中意的股票时,就要等待买入机会的到来。从这点上说,忍耐中等待,并不是不思进取的做法,而是做出积极选择的准备。因而,散户需要有忍耐的功夫,买进的时候需要忍耐,股市不明朗时要忍耐;股市下跌时也要忍耐;股价上涨,想卖到好价位一样要忍耐;股价不够低,没有跌到位,要忍住不买;股价不够高时,要忍住不卖;无论是买进、卖出还是持股,都应该忍耐。

当然,等待也是股市投资最高的艺术境界。等待不代表"无为",等待不是消极,等待不是空等。等待是养精蓄锐,等待的决策需要根据形势的变化不断地修正和强化。等待就是能做到空仓时手中无股,心中有股;或者是套深了,就暂时看盘做到手中有股,心中无股。

忍耐是股市投资的一种智慧,一种艺术境界。忍过了股市严冬,就会迎来春天。

耐心是什么?耐心不是让你把一只股票捂 10 年,而是说你能不能保持一颗平常心来看待财富。从理论上讲,来股市的根本在于赚钱,如何发现更好的公司,或者发现一个价位低、回报相对高的股票,不仅要会买会卖,还要掌握大量的炒股知识,做一个杂家比一个专家更容易赚钱。在股票价格与股票价值的波浪中寻找赚取差价的机会,这既是投资又是投机。投机并不是错。如何利用信息是做好投机的关键。股市信息就像是菜市场的菜,买来后都要加工了才能享用,还要看合不合自己的口味。去得早,才能买到新鲜的。烹得好,才能回味无穷。炒股的书太多太滥,你读一本书就等于读了 100 本,信息多了,取舍和分辨就是难点,不要随便去书店"信手拈来",去找一本浓缩了内容的书,就不会掉进别人的陷阱,甚至能白捡到猎物。这本书就是《散户盈利的 43 条法则》。读一本用热血凝聚成的书，你绝对不会后悔！

2020 年于海南

舵手经典延伸学习

《擒庄秘籍》
华尔街实战巨头理查德·威科夫巅峰代表作

　　本书是20世纪初华尔街实战三巨头之一理查德·威科夫基于其45年经验所写的操盘秘籍,是华尔街大型对冲基金经理和专业机构驾驭市场的量价分析宝典,是接近于市场本质的行为学理论系统,书中详尽解读了竹线图、点数图、波线图等威科夫操盘工具,学习并熟练掌握这些威科夫操盘方法,有效识别市场主力行为,逐步从公众的羊群思维转变成聪明钱的思维,散户也能成长为稳定盈利的职业投资者或者机构操盘手。

微信扫码
查看详情

《股票大作手回忆录讲解》
投机之王杰西利弗莫尔的交易圣经

　　杰西·利弗莫尔,投机之王,在20世纪初以5美元本金投身股市,经历过多次暴富和破产,在资本市场中多次"淬火"之后形成一整套操作理念和方法,100年来被全球投资者广泛效仿,却从未被超越。在1929年,利弗莫尔以一己之力做空美国股市,造成股市大崩盘,引发全球性经济危机,他本人则因做空获利1亿美元巨额现金。他在《股票大作手回忆录》中的叙述,成为有史以来探讨市场操作最引人入胜的名著,许多经典策略即使用在今天,仍然和他当时操盘一样准确、有效。

　　本全译注释版,全面系统呈现杰西·利弗莫尔成功操盘历程,并透过海量图文、更详实的注解导读,为这部越时代的经典巨著,注入全新的生命与色彩。

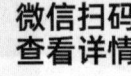

微信扫码
查看详情

舵手经典延伸学习

《江恩理论精髓：形态、价格和时间》
天才交易大师威廉·江恩的实战精髓

　　威廉·江恩，20世纪的天才交易大师，在股票、期货、期权等市场上均有傲人战绩。在理查德·威科夫记录的一次现场交易监测中，江恩创下了无人能及的战绩：25个交易日，286次买卖，264获利，22次亏损，胜算高达92.3%！

　　江恩结合天文学、数学、几何学等学科知识，创立了独特的江恩理论。本书作者海尔齐格则为打开江恩理论的神秘世界以及价格、模式和时间的结合分析提供了一个通俗易懂的指南。无论从历史的角度还是从实用的技术角度来看，这本书都非常有趣。

微信扫码
查看详情

《复合增长》
"中国巴菲特"林园的投资逻辑与策略

　　林园，被华尔街犹太基金经理誉为"全球行业宏观投资领军人物"。

　　通过复合增长，林园实现了财富的持续倍增，以8000元投入股市，30年实战成绩比巴菲特更靓丽，有"中国股市常青树"的美誉。

　　在不确定的投资世界，为何林园总能找到确定性的机会？

　　神奇的复利，到底是金融界的谎言，还是成功者的秘诀？

　　这本书，正是您需要的投资理念和策略指引：

　　"林园交易规则"的全新披露，

　　"行业宏观方法"的行动指南，

　　"中国资本市场"的实战经典。

微信扫码
查看详情

杰克·施瓦格系列经典

杰克·施瓦格，是保诚证券期货研究和交易策略总监，此前曾在普惠公司和美邦等华尔街领先公司担任了22年的期货研究主管，是国际期货和对冲基金领域公认的专家。

施瓦格先生著有《期货分析全书》《股市怪杰》《金融怪杰》《新金融怪杰》《对冲基金奇才》《交易策略》《商品研究局年鉴》等一系列广受好评的金融书籍。

施瓦格先生还是一名演讲者，他的演讲非常受欢迎，他曾就一系列证券分析主题进行演讲，特别关注伟大的交易者、技术分析和交易系统评估。

微信扫码订购

《股市怪杰》

这是一本美国华尔街顶级交易者们的访谈录，在本书中杰克·施瓦格深挖掘了13位出色交易者，逐一展现了顶级交易者的市场思维和操盘策略，这些交易大师的真实经历，正是我国投资者最迫切需要的市场经验。

《新金融怪杰》

本书继续记录了作者与华尔街伟大交易员之间的访谈，全新的对话阵容，更证实了伟大的交易者们都有自己确定性的核心交易理念。无论对于新手还是有经验的交易员，都能从本书中频频闪现的智慧结晶得到启发。

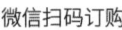
微信扫码订购

微信扫码订购

《施瓦格期货分析全书》

本书是施瓦格先生期货研究的集大成之作，也是其成名代表作，书中提供了坚实的期货市场基础，详尽的市场分析和预测技术，探索先进的交易理念，并展示了数百个期货实战案例，是期货交易者的"圣经"级指导教材。